系统解剖学
实训指导

主　编　王珊珊
副主编　范春雄　王运增　陈丽平
参　编　季淑娴　王少堃　郭盛宇

電子工業出版社
Publishing House of Electronics Industry
北京 • BEIJING

内容简介

本书是一本系统解剖学的实训教材，它紧密结合了理论教学与实训操作，旨在通过实践来帮助学生巩固和深化对解剖学知识的理解和应用。本书依据高等学校“十四五”医学规划新形态教材《系统解剖学》（第5版）进行编写，全书共16个实训项目。本书的编写特色如下：①按照专业培养需求制定适用性高的教学大纲，根据编制的教学大纲进行编写，并强化专业未来岗位需求；②遵循实训课各章节内容及特点，注重实物标本、模型观察技巧的提升；③附有每次实训课重点观察内容的插图，便于学生课后巩固知识。

本书适合医药类院校护理学、康复治疗学、临床、公共卫生类等医学相关专业使用。

图书在版编目（CIP）数据

系统解剖学实训指导 / 王珊珊主编. -- 北京 ： 电子工业出版社, 2024. 9. -- ISBN 978-7-121-48679-1

Ⅰ. R322

中国国家版本馆CIP数据核字第2024TQ9201号

责任编辑：张小乐　　特约编辑：邢彤彤
印　　刷：北京瑞禾彩色印刷有限公司
装　　订：北京瑞禾彩色印刷有限公司
出版发行：电子工业出版社
北京市海淀区万寿路173信箱　　邮编：100036
开　　本：787×1092　1/16　印张：7.75　字数：198千字
版　　次：2024年9月第1版
印　　次：2024年9月第1次印刷
定　　价：45.00元

凡所购买电子工业出版社图书有缺损问题，请向购买书店调换。若书店售缺，请与本社发行部联系，联系及邮购电话：（010）88254888，88258888。

质量投诉请发邮件至zlts@phei.com.cn，盗版侵权举报请发邮件至dbqq@phei.com.cn。

本书咨询联系方式：（010）88254462，zhxl@phei.com.cn。

PREFACE

前言

系统解剖学是医学专业大一新生的入门认知性必修课，学生们在面对纷繁复杂的人体结构时会茫然无措，对于课程学习的切入点无法实时把握，面对标本时不知从何处开始观察和学习；加之课程学时数受限，教师很难对学生的不足之处进行全面的查缺补漏，所以拥有一本能让学生从依赖教师授课顺利过渡到自主学习的《系统解剖学实训指导》显得尤为重要。

《系统解剖学实训指导》是一本系统解剖学的实训教材，它紧密结合了理论教学与实训操作，旨在通过实践来帮助学生巩固和深化对解剖学知识的理解和应用。本书依据高等教育出版社出版的高等学校“十四五”医学规划新形态教材《系统解剖学》（第5版）进行编写，全书共16个实训项目。在教材框架明确的前提下，首先对各个实训的目的、用物准备做了规范安排；其次对实训内容的编写做到简明扼要，包含了各个实训项目的重难点，便于学生学习；每个实训项目的最后一部分设置了思考题，便于学生对整个系统的知识进行串联，巩固各系统的学习内容。本书的编写特色如下：①按照专业培养需求制定适用性高的教学大纲，根据编制的教学大纲进行编写，并强化专业未来岗位需求；②遵循实训课各章节内容及特点，注重实物标本、模型观察技巧的提升；③附有每次实训课重点观察内容的插图，便于学生课后巩固知识。本书注重理论与实践的结合，能帮助学生更好地掌握解剖学知识，提高操作能力，培养科学思维和创新能力。通过实践，学生可以更加直观地观察人体结构，加深对解剖学知识的理解和记忆，掌握解剖学的精髓，为后续医学课程的学习打下坚实的基础。

最后，真诚地感谢所有为本书的编写和出版付出辛勤努力的编者及编辑人员，也感谢读者的支持。医学教育事业的发展将在不断实践与反复检验的过程中得到升华，我们期待使用本教材的学生和教师们提出宝贵的意见及建议！

编　者

CONTENTS

目录

实训 1 骨学总论、中轴骨

【实训要点】

（一）骨学总论

1. 识记骨的形态、分类和构造。
2. 熟悉骨的化学成分和物理性质。
3. 理解骨在生长发育过程中如何增长和增粗。
4. 理解骨的血管和神经分布，以及骨的可塑性。

（二）中轴骨

1. 识记躯干骨的组成。
2. 识记椎骨的一般形态和各部椎骨的特征。
3. 识记胸骨的基本形态结构和分部。掌握胸骨角的特征和意义。
4. 识记肋骨的组成和种类，肋骨的一般形态、结构。
5. 识记躯干骨重要的骨性标志：第7颈椎棘突、胸骨角、剑突、骶岬、骶角。
6. 识记颅的组成和功能。
7. 熟悉诸颅骨的位置。
8. 识记筛骨、蝶骨、颞骨的分部及各部的重要结构。
9. 识记上、下颌骨的分部、形态和重要结构。
10. 识记鼻旁窦的概念、名称和位置。
11. 熟悉眶、骨性鼻腔的位置、形态和鼻腔外侧壁的重要结构。
12. 理解颅的侧面观。
13. 熟悉颅的上面观。
14. 识记颅底内、外面观的形态和结构。
15. 熟悉新生儿颅的特征及生后的变化。
16. 识记颅骨的重要骨性标志：下颌角、颧弓、乳突、枕外隆突。

一、实训目的

1. 简述骨的一般形态、构造和功能。
2. 简述躯干骨的构成，辨认椎骨的一般形态，比较各部椎骨的形态特征。
3. 简述肋骨和胸骨的形态、结构、分部和功能。
4. 简述脑颅骨和面颅骨的组成，描述各分离颅骨的特点。
5. 描述各颅骨的形态。
6. 辨识颅整体形态，指出颅底内面、颅底外面的关键结构。
7. 触摸躯干骨的体表标志。
8. 简述脊柱的组成、分部及生理弯曲。

二、用物准备

骨架、各部颈椎、胸椎、腰椎、骶骨、尾骨、肋骨、胸骨串在一起的完整骨性脊柱和胸廓、颅骨模型。

三、辨认结构

（一）骨学总论

骺：长骨的两端膨大。
关节面：骺的表面有软骨附着，形成关节面。
骨干：长骨的体。
干骺端：骨干与骺相移行的部分。
骺软骨：幼年时长骨的干和骺之间的一层软骨。
髓腔：骨干内容纳骨髓的腔。
骺线：骺软骨骨化后遗留的线状痕迹。
骨密质：分布于长骨骨干及短骨、扁骨、不规则骨的表面，质地坚实致密。
骨松质：分布于骨的内部，呈海绵状。
骨膜：除关节面外，覆于新鲜骨的表面。
红骨髓：成人分布于长骨的两端，扁骨、短骨和不规则骨的骨松质内。
黄骨髓：见于5岁以后的长骨骨干（髓腔）中，含大量的脂肪组织。
颅顶骨的内板、外板：颅顶骨表面（内、外面）的骨密质，分别称外板和内板。
板障：颅顶骨内、外板之间的骨松质。

（二）躯干骨

1. 椎骨

（1）椎骨的一般结构（图1-1）

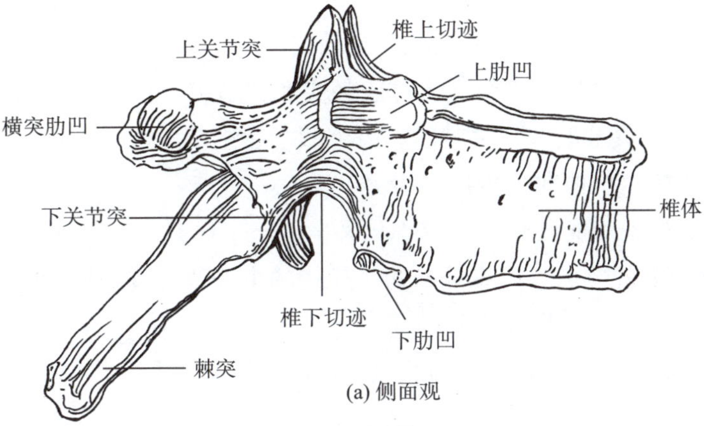

(a) 侧面观

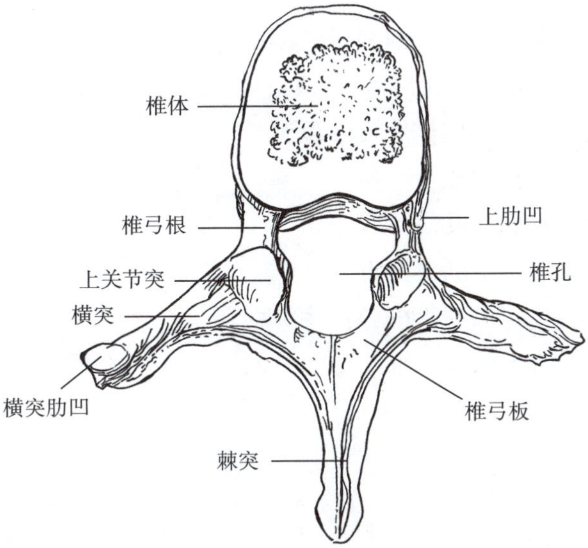

(b) 上面观

图1-1　椎骨的一般结构

椎体：椎骨的短圆柱形前部。

椎弓：椎骨的弓形板状后部。

椎弓根：椎弓在椎体侧后方连接椎体的缩窄部分。

椎弓板：椎弓根向后内扩展变宽的部分。

椎上、下切迹：分别为椎弓根的上、下缘。

椎间孔：相邻椎骨的椎上、下切迹与前方的椎体及椎间盘共同围成的孔。

椎孔：椎体与椎弓共同围成的孔。

上、下关节突：椎弓根与椎弓板结合处分别向上、下方的1对突起。

横突：椎弓板伸向两侧的突起。

棘突：椎弓正中向后的伸出部分。

（2）各部椎骨的形态特点

颈椎：横突孔内有椎动、静脉走行。

颈椎棘突：第2～6颈椎的棘突较短而且分叉。

椎体钩：第3～7颈椎椎体上面侧缘向上的突起。

寰椎：第1颈椎，呈环形，没有椎体、棘突和关节突，由前弓、后弓和两块侧块构成。其他结构包括上关节面、下关节凹、齿突凹、后结节、椎动脉沟。

枢椎：第2颈椎，椎体向上伸出一齿突。

隆椎：第7颈椎，棘突最长，末端不分叉。

胸椎：椎体的后外侧上、下缘处与肋头相接的半关节面分别称为上、下肋凹。横突尖的前面有横突肋凹，多与肋结节形成关节。

胸椎棘突：棘突细长向后下方倾斜，呈叠瓦状排列。

腰椎棘突：呈板状，水平向后。

骶骨岬：骶骨底的前缘中份向前突出的结构。

骶前孔、骶后孔：骶骨前面光滑微凹，有4对骶前孔；背面隆凸粗糙，有4对骶后孔。

横线：在骶前孔之间，是椎体融合的痕迹。

骶管：由骶椎椎孔连接而成。

骶管裂孔：骶管下端的裂孔。

骶角：骶管裂孔两侧向下的突出部。

骶正中棘：骶骨背面正中线上的各部棘突融合。

骶粗隆：骶骨外侧部上份耳状面后方的骨面凹凸不平的部位。

尾骨尖：尾骨下端的游离部。

2. 胸骨

胸骨柄：胸骨的上部，上宽下窄。

胸骨体：扁而长，两侧有与第2～7肋软骨形成关节的切迹。

剑突：位于左、右肋弓之间，形状多变，较薄且下端游离。

颈静脉切迹：胸骨柄上缘中部的凹陷，在左、右锁骨内侧端之间。

胸骨角：胸骨柄与胸骨体向连接处微向前凸的角，两侧接第2肋软骨。

3. 肋

肋头：肋骨后端的稍膨大的部分。

肋颈：肋头向后外变细的部分。

肋结节：肋颈和肋体结合处后面的突起。

肋角：肋体后份由外向前下急转弯处。

肋沟：肋体内面下缘处的一浅沟。

前斜角肌结节：第一肋短小而弯曲，无肋角和肋沟，可分为上、下两面和内、外两缘；在近内缘前份处有前斜角肌附着形成的小结节称为前斜角肌结节。

（三）颅骨

1. 各部颅骨

下颌体：呈弓状，分上、下两缘及内、外两面。

下颌底：下颌体的圆钝下缘。

牙槽弓：容纳下颌牙牙根的下颌体上缘。

牙槽：容纳牙根的部位。

颏隆凸：下颌体前正中的隆起。

颏孔：颏隆凸后外侧的孔，位于下颌第一、二前磨牙间的下方，或下颌第二前磨牙根的下方。

下颌支：下颌骨伸向后上的部分。

下颌头：下颌支末端后方，髁突上端膨大有关节面的部分。

下颌颈：下颌头下方的稍细部分。

下颌切迹：下颌支末端的中间凹陷处。

冠突：下颌支末端前方的突起。

下颌孔：下颌支内面中央的开口。

下颌角：下颌支后缘与下颌体的结合部，较肥厚。

咬肌粗隆：位于下颌角的外面。

翼肌粗隆：位于下颌角的内面。

筛板：分隔颅前窝与鼻腔的筛骨薄骨板。

筛骨垂直板：呈矢状位，由筛板正中向下伸出，参与构成鼻中隔上部。

筛骨迷路（筛窦）：位于筛板两侧的下方，由数个小腔组成，也称筛窦。

上、中鼻甲（筛骨）：迷路的内侧面的两片卷曲向内下方的薄骨片。

2. 颅底外面观（图 1-2）和内面观（图 1-3）

下颌窝：颞骨颧突根下方一椭圆形的深窝。

关节结节：下颌窝前缘的隆起。

外耳门：颅侧面观中部的孔洞。

颈动脉管：颈内动脉进入颅腔的管道。在颞骨岩部内弯曲形成一定角度，颈动脉管的颅内出口靠近破裂孔。

茎突：颈静脉窝的后外侧的细长突起。

颈静脉窝：颞骨岩部下面的深窝，参与构成颈静脉孔的前壁和外侧壁，容纳颈内静脉的起始部。

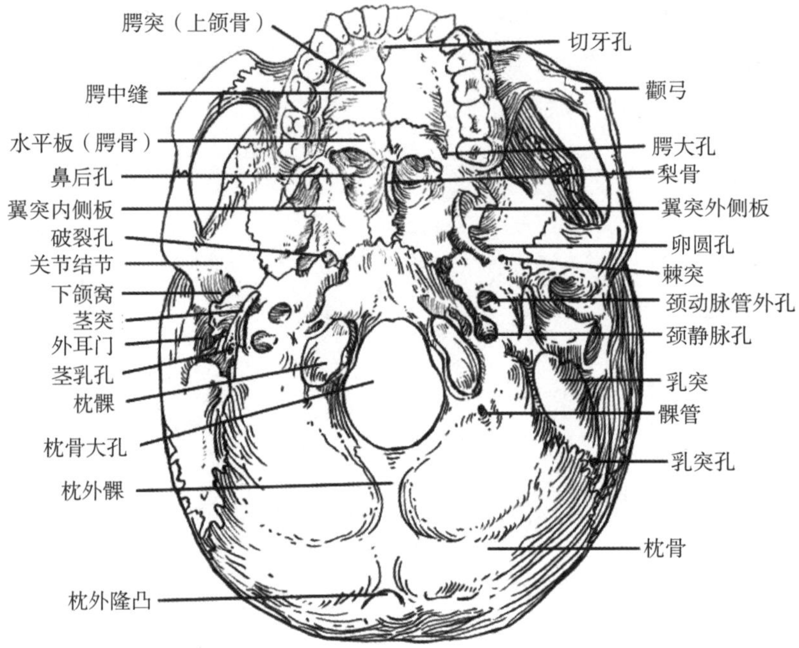

图1-2　颅底（外面观）

乳突：颞骨岩部肥厚的后份突起，位于外耳门后方。

乳突小房：颞骨乳突内的许多腔隙。

乳突孔：位于茎突与乳突之间的小孔。

3. 颅前窝

颅前窝由额骨眶部、筛骨筛板和蝶骨小翼构成。

盲孔：位于额嵴和鸡冠之间，有静脉穿过，连接鼻腔和上矢状窦。

鸡冠：由筛板正中向上发出的三角形突起。

筛孔：筛板上的小孔。

4. 颅中窝

颅中窝由蝶骨体及大翼、颞骨岩部等构成，中间狭窄，两侧宽。

蝶骨体：位居蝶骨中央，内含蝶窦，向前开口于鼻腔。

垂体窝：蝶骨体上面的凹陷。

视神经管：位于垂体窝前外侧的一骨管，通入眶腔。

前床突：视神经管管口外侧向后方的突起。

鞍结节（中床突）：垂体窝前方的圆形隆起。鞍结节后外侧两侧有时各有一小突起，称为中床突。

鞍背：垂体窝后方横位的骨隆起。

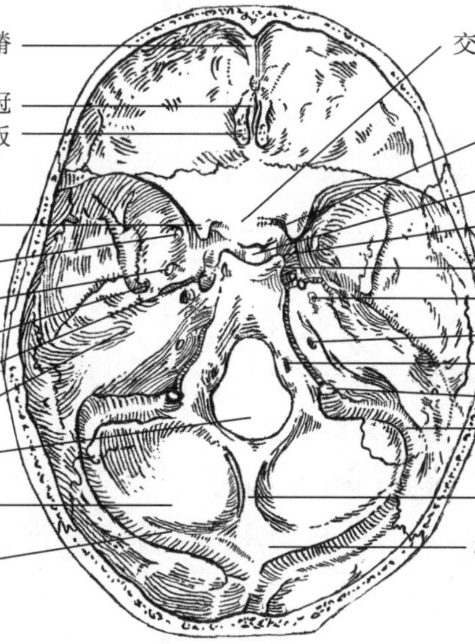

图1-3　颅底（内面观）

后床突：鞍背两侧角向上的突起。
蝶鞍：蝶骨体上面呈马鞍状的结构，包括鞍结节、垂体窝、鞍背和后床突。
颈动脉沟：蝶鞍两侧的浅沟。
眶上裂：蝶骨大翼和小翼之间的细长裂缝。
破裂孔：颈动脉沟后端的孔。
颈动脉管内口：颞骨岩部尖端的开口。
圆孔、卵圆孔、棘孔：蝶鞍两侧，由前内向后外，依次为圆孔、卵圆孔和棘孔。
脑膜中动脉沟：自棘孔向外上方走行的浅沟。
弓状隆起：位于三叉神经压迹后外侧，颞骨岩部内面的圆形突起。
鼓室盖：弓状隆起与颞鳞之间的薄骨板，下方为中耳的鼓室。
三叉神经压迹：位于颞骨岩部尖端的一浅窝，有时不完整。

5. 颅后窝

颅后窝主要由枕骨和颞骨岩部后面构成。
内耳门：颞骨岩部后面向前内的开口。
内耳道：内耳门至颞骨岩部内的通道。
枕骨大孔：位于颅后窝中央的大孔。
斜坡：枕骨大孔前上方的平坦斜面，由枕骨基底部、蝶骨体后部和鞍背构成。
舌下神经管内口：枕骨大孔前外缘上的小孔。
枕内隆凸：枕骨大孔后上方的“十”字形隆起的交会处。
横窦沟：枕内隆凸向两侧的横行凹槽。
乙状窦沟：横窦沟继续转向前下内的改称。

颈静脉孔：位于乙状窦沟末端，由颞骨的颈静脉切迹和枕骨围成。

6. 颅前面观

眶：呈尖向后的四棱锥体形，借视神经管通颅腔；底向前，形成四边形眶缘，眶上缘有眶上切迹（眶上孔），眶下缘下方有眶下孔。

眶上孔（眶上切迹）：位于眶上缘内、中1/3相交处。

眶下孔：位于眶下缘中点下约8.7mm处的一小孔。

泪囊窝：位于眶内侧壁前下份的一长圆形窝，容纳泪囊。

鼻泪管：连接泪囊窝和下鼻道的管道。

泪腺窝：眶上壁前外侧的一深窝，容纳泪腺。

视神经管：位于眶尖处，蝶骨小翼与蝶骨结合处的一开口部位。

眶下裂：眶下壁上的一裂缝，由蝶骨大翼和上颌骨的眶突围成。

骨性鼻腔：位于面颅中央，口腔之上，两侧为筛窦、上颌窦和眶，前方有梨状孔，后方有鼻后孔，筛骨垂直板和犁骨组成骨性鼻中隔将鼻腔分成两半。

上、中、下鼻甲（图1-4）：骨性鼻腔外侧壁由上而下薄而卷曲的骨片。

上、中、下鼻道：上、中、下鼻甲下方相应的鼻道。

蝶筛隐窝：上鼻甲后上方与蝶骨之间的间隙。

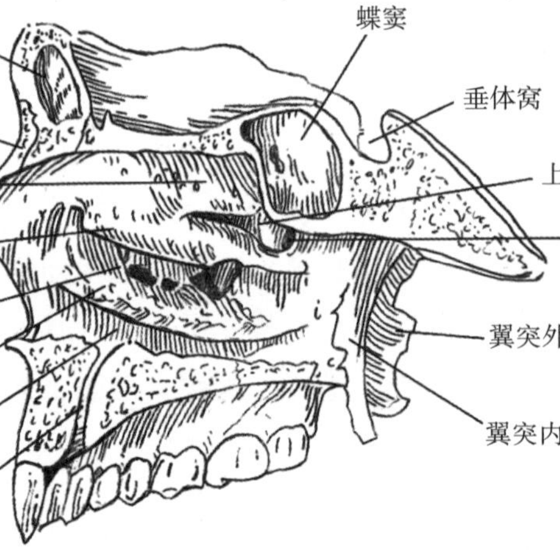

图1-4 鼻甲

7. 颅侧面观（图1-5）

颧弓：位于外耳门前方，由颞骨的颧突和颧骨的宽阔颞突结合而成。颧弓将颅侧面分为上方的颞窝和下方的颞下窝。

颞线：起自额骨与颧骨相接处，弯向上后，经额骨、顶骨，再转向下前达乳突根部。为颞窝的上界。颞线在额骨处分为上、下两支，分别称为上颞线、下颞线。

颞窝：颧弓上方的大窝，为颞肌的附着部位。

颞下窝：位于颧弓平面以下，是上颌骨体和颧骨后方的不规则间隙。

翼点：颞窝前下部较薄，位于额骨、顶骨、颞骨、蝶骨的“H”形汇合处。

翼上颌裂：位于眶下裂后方，蝶骨翼突外侧板和上颌骨之间。

翼突：位于蝶骨下面，由大翼根部向下伸出，向后形成翼突内侧板和翼突外侧板。

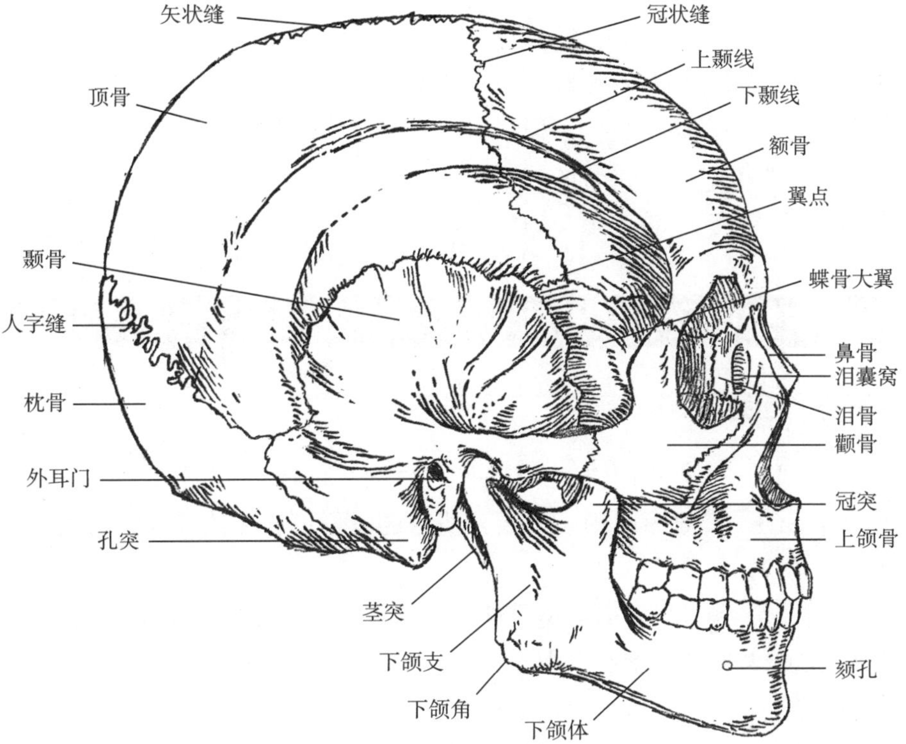

图1-5 颅侧面观

8. 颅后上面观

枕外隆凸：枕鳞中央最突出的部分。

上、下项线：枕外隆凸向两侧的弓形骨嵴称为上项线，其下方有与上项线平行的下项线。

人字缝：两侧顶骨与枕骨连接成人字缝。

矢状缝：两侧顶骨连接成矢状缝。

冠状缝：额骨与两侧顶骨的连接处。

9. 鼻旁窦

鼻旁窦为鼻腔周围的上颌骨、额骨、蝶骨及筛骨内含气的空腔。

额窦：左右各一，位于眉弓深面，窦口向后下，开口于中鼻道前部。

筛窦：也称筛小房，即筛骨迷路中数个空泡（筛泡），呈蜂窝状，分为前、中、后3群：前、中群开口于中鼻道，后群开口于上鼻道。

上颌窦：最大，位于上颌骨体内，开口于中鼻道，顶为眶下壁，底为上颌骨牙槽突，前壁有尖牙窝，内侧壁即鼻腔外侧壁，借上颌窦裂孔通中鼻道。

蝶窦：位于蝶骨体内，由隔分开，多不对称，向前分别开口于左、右蝶筛隐窝。

10. 新生儿颅骨特征

颅囟：新生儿颅顶各骨间的结缔组织膜连结。

前囟（额囟）：最大的菱形颅囟，位于矢状缝与冠状缝相接处。

后囟（枕囟）：呈三角形，位于矢状缝与人字缝相接处。

前外侧囟（蝶囟）：位于顶骨的前下角处。

后外侧囟（乳突囟）：位于顶骨的后下角处。

四、观察技巧及注意事项

（一）观察技巧

1. 观察不同形态的骨在躯体的分布特性，思考骨的形态与其所在部位的功能联系。

2. 以标准解剖学姿势为前提，学会分清骨的方位；若无法确定，建议参照完整的骨架模型进行学习。

3. 观察椎骨时，颈椎以具有典型骨性特征的寰椎、枢椎、隆椎进行区分和学习，胸椎及腰椎则以认识共有的典型特点为主。

4. 观察胸骨、肋骨时，结合两者之间的连结方式及部位进行学习。

5. 观察颅骨时，注意通过比对完整的颅进行观察，先确定分离颅骨在整体颅上的位置，再了解各个分离颅骨的重要结构。

6. 观察骨性标志物时，在模型观察的基础上，学生两人一组进行活体触摸。

（二）注意事项

1. 教师应先做示教，后加强巡视，随时指导学生认识解剖结构。

2. 颅骨较多、较小，且部分骨质薄而易碎，注意轻拿轻放，勿损坏或丢失。

五、思考题

1. 说明骨的构造及理化特性（以长骨为例）。

2. 颅底内面的孔、管、裂及其通行的结构有哪些？

实训 2 四肢骨

【实训要点】

（一）上肢骨

1. 识记上肢骨的组成、名称和位置。

2. 识记肩胛骨、肱骨、桡骨和尺骨的位置、形态及主要结构。

3. 熟悉手骨的分部和各骨的形态、结构。

4. 识记腕骨的排列顺序。

5. 识记上肢骨重要的骨性标志：肩峰、喙突、肩胛下角、肱骨内外上髁、尺骨鹰嘴、桡骨头、桡骨茎突和尺骨茎突。

（二）下肢骨

1. 识记下肢骨的组成、名称和位置。

2. 识记髋骨的位置、形态、组成及主要结构。

3. 识记股骨的位置、形态及主要结构。

4. 识记胫骨、腓骨的位置、形态及主要结构。

5. 理解足骨的分部、形态、结构和位置。

6. 熟悉跗骨的排列。

7. 识记下肢骨重要的骨性标志：髂嵴、髂嵴结节、髂前上棘、髂后上棘、耻骨结节、坐骨结节、股骨大转子、股骨内外上髁、收肌结节、腓骨头、胫骨粗隆、内外踝、跟骨结节和第5跖骨粗隆。

一、实训目的

1. 阐明上肢各骨的形态、特征性结构，简述上肢骨的组成、分部、排列。

2. 阐明下肢各骨的形态、特征性结构，简述下肢骨的组成、分部、排列。

3. 简述腕骨、掌骨和指骨的名称、位置和排列。
4. 简述跗骨、跖骨和趾骨的名称、位置和排列。
5. 通过学习上肢骨的形态特点，理解运动的灵活性。
6. 通过学习下肢骨的形态特点，解释下肢运动的牢固性、稳定性。
7. 触摸上肢骨、下肢骨的体表标志。

二、用物准备

完整骨架、全套上肢骨、全套下肢骨、完整手骨、完整骨盆、完整足骨。

三、辨认结构

（一）上肢骨

1. 上肢带骨

锁骨：位于胸廓前上方，呈“~”形，内侧端膨大为胸骨端，借关节面与胸骨的锁切迹相关节。外侧端略扁为肩峰端，与肩胛骨（图2-1）的肩峰相关节。

肩胛下窝：与胸廓相对的肩胛骨前面的一大浅窝。

肩胛冈：肩胛骨背面斜向外上方走行并逐渐隆起的骨嵴。

冈上窝和冈下窝：肩胛冈将肩胛骨背面分为上小、下大的两个浅窝。

肩峰：肩胛冈的高耸外侧端，其内侧缘关节面与锁骨肩峰端构成肩锁关节。

肩胛切迹：肩胛骨上缘靠近喙突根部的一凹陷，与肩胛上横韧带围成一孔，内有肩胛上神经通过。

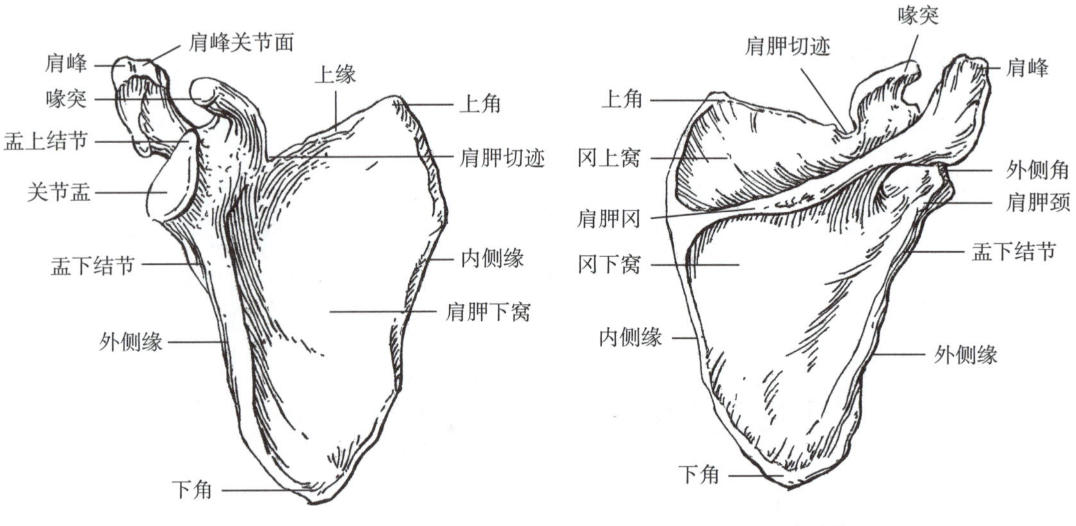

图2-1 肩胛骨

喙突：肩胛切迹外侧向前的指状突起。

肩胛骨上角、下角：上角为上缘和脊柱缘汇合处，平对第2肋。下角为脊柱缘和外侧缘汇合处，平对第7肋或第7肋间隙，为计数肋的标志。

关节盂：肩胛骨外侧角的梨形光滑关节面，与肱骨头构成肩关节。

肩胛颈：肩胛骨外侧角稍变窄的部位。

盂上结节、盂下结节：关节盂上、下方各有一粗糙隆起，分别称为盂上结节和盂下结节。

2. 自由上肢骨

肱骨头：肱骨上端向上后内方突出的半球形膨大。

解剖颈：肱骨头下方的稍细部位。

大结节、小结节：肱骨头分别向外侧和前方的隆起。

大结节嵴、小结节嵴：由大、小结节向下延续的骨嵴，分别称为大结节嵴和小结节嵴。

结节间沟：大、小结节及嵴之间的纵沟。

外科颈：肱骨上端与体的移行处，较易发生骨折。

三角肌粗隆：肱骨体的中部前外侧面上的粗糙隆起。

桡神经沟：肱骨体的后面中部有一条自内上斜向外下的浅沟。

肱骨小头：肱骨下端外侧的半球形部位。

肱骨滑车：肱骨下端内侧部较大的滑车状结构。

冠突窝、桡窝：肱骨下端前面在滑车上方有冠突窝，肱骨小头上方有桡窝。

鹰嘴窝：滑车后面上方的一凹陷。

肱骨外上髁、内上髁：肱骨下端的外、内侧面各有一结节样隆起，分别称为外上髁和内上髁。

尺骨、桡骨的前面观和后面观见图2-2。

尺神经沟：肱骨内上髁后面纵行的浅沟。

桡骨头：桡骨上端的扁圆形膨大。

桡骨颈：桡骨头下方的缩细部位。

桡骨粗隆：桡骨颈内下方的一粗糙隆起。

茎突：桡骨下端外侧向下的突出。

滑车切迹：尺骨上端前面的一半圆形深凹。

鹰嘴：滑车切迹后上方的突起。

冠突：滑车切迹前下方的突起。

尺骨粗隆：冠突下方的粗糙隆起。

尺骨头：尺骨下端的球形膨大。

尺骨茎突：由尺骨头内后方向下伸出的突起。

腕骨：共8块短骨，分为近侧、远侧两列，每列各4块，均以其形状命名。

掌骨：属于长骨，共5块。由桡侧向尺侧依次为第1～5掌骨。

指骨：属于长骨，共14块。拇指有2节，分别为近节指骨和远节指骨；其余各指为3节，分别为近节指骨、中节指骨和远节指骨。

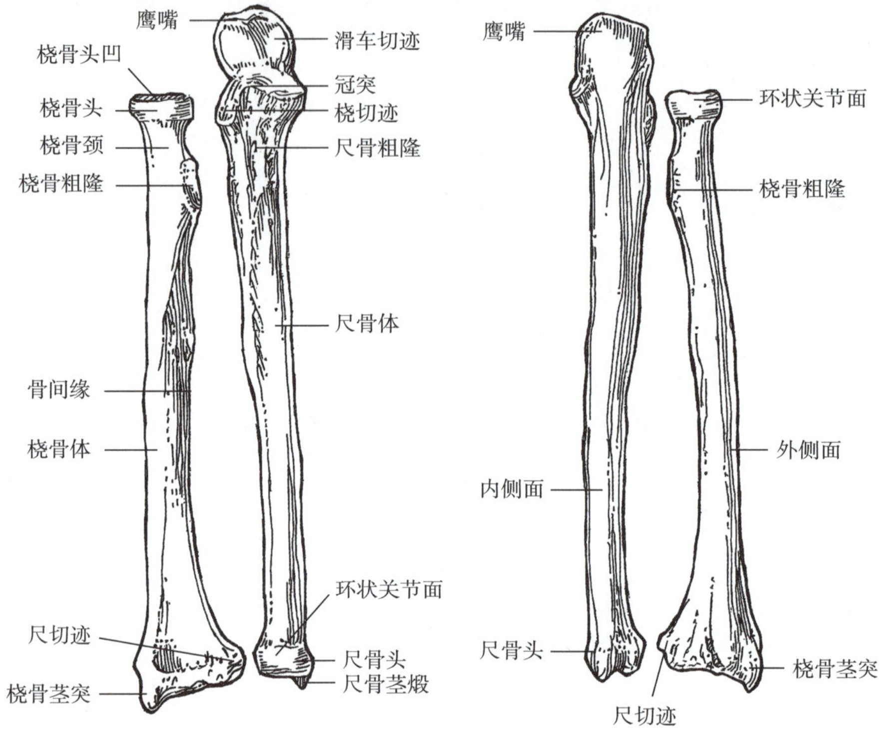

图2-2 尺骨和桡骨

（二）下肢骨

1. 下肢带骨（即髋骨，图2-3）

髂骨：位于髋骨的后上部，分为肥厚的髂骨体和扁阔的髂骨翼。

髂骨体：位于髂骨的下部，参与构成髋臼后上2/5。

髂骨翼：髂骨宽阔的上部，构成大骨盆的两侧界。

髂窝：髂骨翼的内面凹陷处。

弓状线：髂窝下界的圆钝骨嵴。

髂嵴：髂骨翼弓形的肥厚上缘。

髂前上棘：髂嵴的前端。

髂后上棘：髂嵴的后端。

髂结节：髂前上棘向后5～7cm处，髂嵴较厚且向外突出处。

髂前下棘、髂后下棘：在髂前上棘和髂后上棘的下方各有一薄锐突起，分别为髂前下棘和髂后下棘。

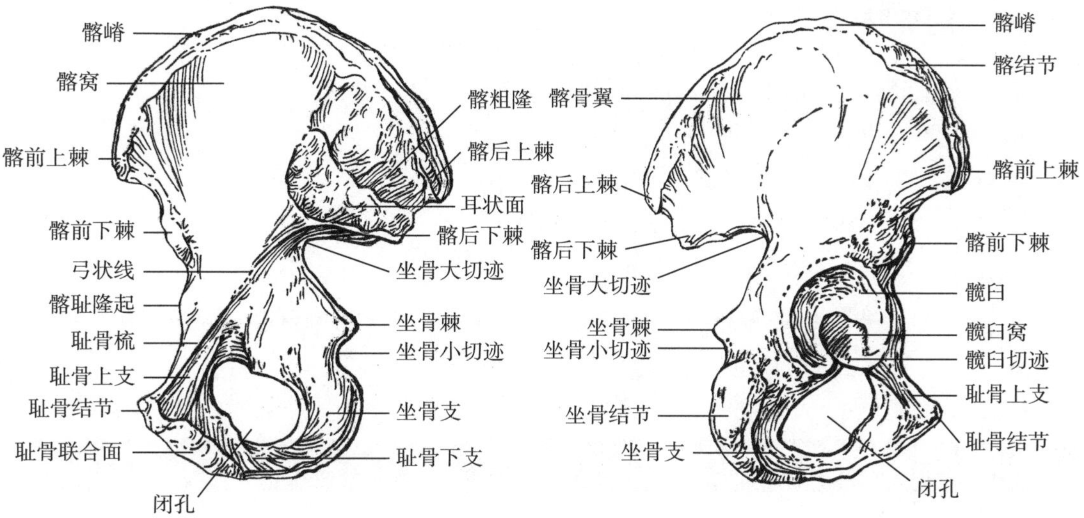

(a) 内面观　　(b) 外面观

图2-3　髋骨

坐骨：位于髋骨的后下部，分为坐骨体及坐骨支两部分。

坐骨体：构成髋臼的后下2/5和小骨盆的侧壁。

坐骨棘：坐骨体后缘有一向后伸出的三角形骨突。

坐骨小切迹：坐骨棘下方的骨性凹陷。

坐骨大切迹：坐骨棘与髂后下棘之间的弧形凹陷。

坐骨支：坐骨体向下延续为坐骨上支，继而转折向前内方为坐骨下支。

坐骨结节：坐骨上、下支移行处为坐骨结节。

耻骨：位于髋骨的前下部，分为耻骨体、耻骨上支和耻骨下支。

髂耻隆起：耻骨与髂骨体的结合处上缘的粗糙隆起骨面。

耻骨上支、耻骨下支：耻骨体向前下内伸出耻骨上支，继而以锐角转折向下外方形成耻骨下支。

耻骨联合面：耻骨上、下支移行处内侧的椭圆形粗糙面。

耻骨梳：耻骨上支上缘的一锐利骨嵴，向后移行于弓状线。

耻骨结节：耻骨梳向前终止部位。

耻骨嵴：耻骨结节内侧的骨嵴。

闭孔：由坐骨和耻骨围成的孔。

髋臼：由髂骨、坐骨、耻骨三骨的体合成。

髋臼窝：髋臼中央未形成关节面的部分。

月状面：髋臼内月形的关节面。

髋臼切迹：髋臼边缘下部的缺口。

2. 自由下肢骨

股骨头：股骨上端朝向内上方呈球形的膨大，与髋臼相关节。
股骨头凹：股骨头中央稍下的小凹陷。
股骨颈：股骨头外下方的较细部位。
大转子：颈、体交界处上外侧的方形隆起。
小转子：颈、体交界处内下方的隆起。
转子间线、转子间嵴：大、小转子间，前面有转子间线，后面有转子间嵴。
粗线：股骨体后面的一纵行骨嵴。

四、观察技巧及注意事项

（一）观察技巧

1. 以标准解剖学姿势为前提，学会分清上、下肢骨的方位；先分清左、右骨，再依次掌握各骨的特征性结构。

2. 观察下肢骨时，可与上肢骨进行对比学习，通过对比肩胛骨/髋骨、肱骨/股骨、尺桡骨/胫腓骨、手骨/足骨等几个组合，了解上、下肢骨的相似性，并进行组合记忆，以便区分两者之间的特性：下肢骨以稳定、牢固、负重的特点为主；上肢骨以灵活运动为目的。

3. 观察骨性标志物时，在模型观察的基础上，学生两人一组进行活体触摸。

（二）注意事项

1. 教师应先做示教，后加强巡视，随时指导学生认识解剖结构。
2. 注意四肢骨的左、右区分。

五、思考题

1. 上肢骨、下肢骨各由哪些骨组成？
2. 说明上肢骨、下肢骨的形态特点及异同之处。
3. 描述鹰嘴和肱骨内、外上髁的关系。这些结构有何临床意义？
4. 在活体上能摸到上肢、下肢各有哪些重要的骨性标志？
5. 髋骨由哪几部分构成？

实训 3 骨连结

【实训要点】

（一）中轴骨连结

1. 理解颅骨连结的形式。

2. 识记颞下颌关节的构成、结构特点及运动方式。

3. 理解躯干骨连结的组成。

4. 熟悉椎骨间的连结。掌握椎间盘的形态、结构、功能及其临床意义。了解前后纵韧带、黄韧带的位置及功能。

5. 熟悉寰枕关节、寰枢关节的构成及运动方式。

6. 识记脊柱的构成、生理弯曲和功能。

7. 熟悉肋与椎骨连结的结构特点和运动方式。

8. 熟悉肋与胸骨连结的特点。

9. 识记胸廓的组成、形态和功能。

（二）四肢骨连结

1. 理解胸锁关节、肩锁关节的构成和功能。

2. 识记肩关节、肘关节的形态结构和功能。

3. 识记前臂骨的连结和桡腕关节的构成及功能。

4. 理解腕骨间关节、腕掌关节、掌骨间关节、掌指关节和指骨间关节的形态及结构。掌握拇指腕掌关节的结构特点和运动方式。

5. 识记骶髂关节的形态结构。熟悉髋骨与骶骨之间的韧带连结。了解耻骨联合的结构特点和功能意义。

6. 识记骨盆的构成，大、小骨盆的分界线，以及骨盆的性别差异。

7. 识记髋关节、膝关节和距小腿关节（踝关节）的构成、结构特点和功能。

8. 理解跗骨间关节、跗跖关节、跖骨间关节、跖趾关节、趾骨间关节的形态、结构和功能。

一、实训目的

1. 通过观察躯干各骨之间的连结，分析、解释脊柱的运动及胸廓的运动。
2. 简述颞下颌关节的组成，辨认颅骨主要的连结形式——缝。
3. 说明胸锁关节和肩锁关节的组成、结构特点和运动方式。
4. 简述肩关节、肘关节、桡腕关节、桡尺关节的组成、结构特点和运动方式。
5. 简述手骨间连结的关节名称、类型和运动方式。
6. 简述拇指腕掌关节的特点及功能意义。
7. 观察下肢带骨、自由下肢骨的连结；依据下肢骨连结，分析下肢适合运动与承重的形态学特征。

二、用物准备

颅骨模型、完整脊柱（示生理弯曲）、肩关节、肘关节、腕关节、骨盆模型。

三、辨认结构

（一）躯干骨的连结

1. 脊柱

脊柱各椎骨间连接见图3-1。

椎间盘：椎体与椎体之间的纤维软骨盘，共23个。由中央的髓核和周边的纤维环构成。

髓核：椎间盘中央柔软而富有弹性的胶状物质，为胚胎时脊索的残留物。

纤维环：椎间盘周围以同心圆排列的多层纤维软骨环。

前纵韧带：位于椎体前面的一条纵行纤维束，宽而坚韧，上起自枕骨大孔前缘骨表面，下达第1或第2骶椎椎体。

后纵韧带：位于椎管内椎体后面的一条韧带，窄而坚韧。起自枢椎，向下至骶管，与椎间盘纤维环及椎体上、下缘紧密相连，而与椎体结合较为疏松。

棘上韧带：连结于胸、腰、骶椎各棘突尖之间的纵行韧带。

棘间韧带：连结于相邻棘突间的薄层纤维。

黄韧带：连结于相邻两椎弓板间的韧带，由弹性纤维构成。

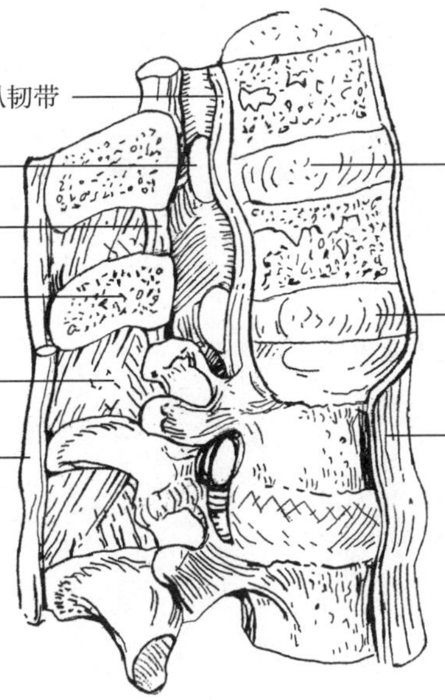

图3-1　椎骨间连接

横突间韧带：位于相邻椎骨横突间的纤维索。

关节突关节：由相邻椎骨的上、下关节突构成，属平面关节。

寰枕关节：由寰椎侧块的上关节凹与相应的枕骨髁突构成的联合关节。

寰枢关节：包括3个独立的关节，即由寰椎下关节凹和枢椎上关节突构成的两个寰枢外侧关节，以及由枢椎齿突与寰椎前弓后面的关节面和寰椎横韧带构成的寰枢正中关节。

脊柱前面观：从前面观察脊柱，椎体从上而下逐渐加宽，这与承重不断增加有关。

脊柱侧面观：成人脊柱有颈、胸、腰、骶4个生理性弯曲，其中颈曲和腰曲凸向前，胸曲和骶曲凸向后。

脊柱后面观：各部棘突后伸的方向不一致，其中颈、腰部棘突近于水平，而胸部棘突向后下倾斜，相互呈叠瓦状。

2. 胸廓的连结

胸廓的结构见图3-2。

肋椎关节：为肋后端与胸椎之间的关节。

肋头关节：由肋头与椎体肋凹组成，多数肋头关节内有韧带，将关节分成上、下两部分，第1、第11和第12肋头关节则无这种分隔。

肋横突关节：由肋结节关节面和相应的横突肋凹构成。

胸肋关节：由第2～7肋软骨与胸骨相应的肋切迹构成的微动关节。

胸廓上口、胸廓下口：胸廓上口较小，为后高前低的斜面，由第1胸椎、第1肋和胸骨柄上缘围成，胸骨柄上缘约平对第2胸椎椎体下缘。胸廓下口宽大，前高后低，由第12胸椎、第12和第11肋及肋弓、剑突围成。

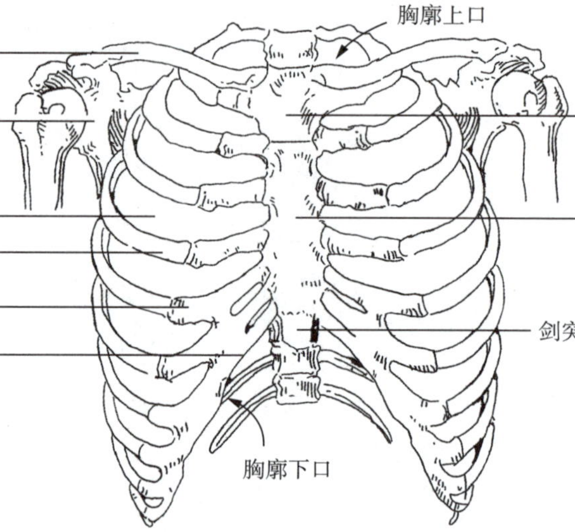

图3-2 胸廓

肋弓：第8～10肋软骨的前端依次与上位肋软骨形成的软骨间连结。

胸骨下角：两侧肋弓的夹角。

剑肋角：剑突将胸骨下角分成左、右剑肋角。

（二）颅骨的连结

下颌关节：由下颌骨的下颌头与颞骨的下颌窝和关节结节构成。关节囊松弛，囊外由外侧韧带加强。囊内有关节盘，其周缘与关节囊相连，将关节腔分为上、下两部分。

（三）上肢骨的连结

1. 上肢带连结

胸锁关节：由锁骨胸骨端与胸骨的锁切迹及第1肋软骨的上面构成。

肩锁关节：由锁骨的肩峰端与肩峰的关节面构成，属平面关节。

喙肩韧带：为三角形的扁韧带，连结于喙突与肩峰之间。

喙肩弓：喙肩韧带、喙突与肩峰形成喙肩弓，架于肩关节上方。

2. 自由上肢骨连结

肩关节：由肱骨头与肩胛骨的关节盂构成。

肱二头肌长头腱：起于盂上结节，行于关节囊内，经结节间沟离开关节囊，其在关节囊内的一段肌腱被滑膜包裹。

肘关节：由肱骨下端与桡骨、尺骨上端构成的复合关节，包括3个关节。

桡侧副韧带：位于囊的桡侧，由肱骨外上髁向下扩展，止于桡骨环状韧带。

尺侧副韧带：位于囊的尺侧，由肱骨内上髁向下呈扇形扩展，止于尺骨滑车切迹内侧缘。

桡骨环状韧带：桡骨头周围的关节囊纤维层增厚形成，它附于尺骨桡切迹的前、后缘，与桡切迹共同组成一骨纤维环。

前臂骨间膜：连结于桡骨、尺骨的骨间缘之间，是一层坚韧的纤维膜，纤维方向主要从桡骨斜向下内达尺骨。

桡腕关节：由桡骨下端的关节面和尺骨头下方的关节盘为关节窝，手舟骨、月骨、三角骨的近侧面为关节头构成。

腕骨间关节：为腕骨之间的连结。

腕掌关节：由远侧列腕骨与5个掌骨底构成。

掌骨间关节：第2～5掌骨底相互之间的平面关节，其关节腔与腕掌关节腔交通，只能做轻微滑动。

掌指关节：由掌骨头与近节指骨底构成，共5个。

指骨间关节：由各指相邻两节指骨的底与滑车构成，共9个。

（四）下肢骨的连结

1. 下肢带连结

骶髂关节：由骶骨和髂骨的耳状面构成，关节面凹凸不平，彼此结合十分紧密。其前、后分别由骶髂前、后韧带加强。

骶结节韧带：起于骶尾骨的侧缘，集中附于坐骨结节内侧缘。

骶棘韧带：较细，呈三角形，位于骶结节韧带的前方，起自骶尾骨侧缘，纤维向外侧附于坐骨棘。

坐骨大孔：骶结节韧带、骶棘韧带与坐骨大切迹围成的孔。

坐骨小孔：骶结节韧带、骶棘韧带与坐骨小切迹围成的孔。

耻骨联合：由左、右髋骨的耻骨联合面借纤维软骨构成的耻骨间盘连结而成。耻骨间盘中常存在一矢状位的裂隙。

耻骨上韧带、耻骨弓状韧带：在耻骨联合的上、下方分别有连结两侧耻骨的耻骨上韧带和耻骨弓状韧带。

骨盆：由骶骨、尾骨和两侧髋骨及其连结构成。骨盆被骶骨的岬、弓状线、耻骨梳、耻骨结节和耻骨联合上缘所围成的界线分为上方的大骨盆和下方的小骨盆。

小骨盆上口、下口：小骨盆上口由界线围线，小骨盆下口由尾骨尖、骶结节韧带、坐骨结节、坐骨支、耻骨支和耻骨联合下缘围成。

骨盆腔：小骨盆上口、下口之间的腔。

耻骨弓：由两侧坐骨支、耻骨下支连结而成。

耻骨下角：两侧坐骨支与两侧耻骨下支之间的夹角。

2. 自由下肢骨连结

髋关节：由髋臼和股骨头构成。

髂股韧带：位于髋关节囊前壁，起于髂前下棘，呈“人”字形向外下止于转子间线。

坐股韧带：位于关节囊后壁，起自坐骨体，斜向外上与关节囊融合，止于大转子根部。

耻股韧带：位于关节囊内侧壁，自耻骨上支向外下融合于关节囊的前下壁。

股骨头韧带：为关节囊内韧带，连结于股骨头凹和髋臼横韧带之间，有滑膜包裹，内含营养股骨头的血管。

股骨颈与关节囊的关系：关节囊坚厚，前壁包绕股骨颈的全长，而后壁仅包绕股骨颈内侧2/3（故股骨颈骨折有囊内和囊外之分）。

膝关节（图3-3）：由股骨和胫骨的内、外侧髁及髌骨构成。

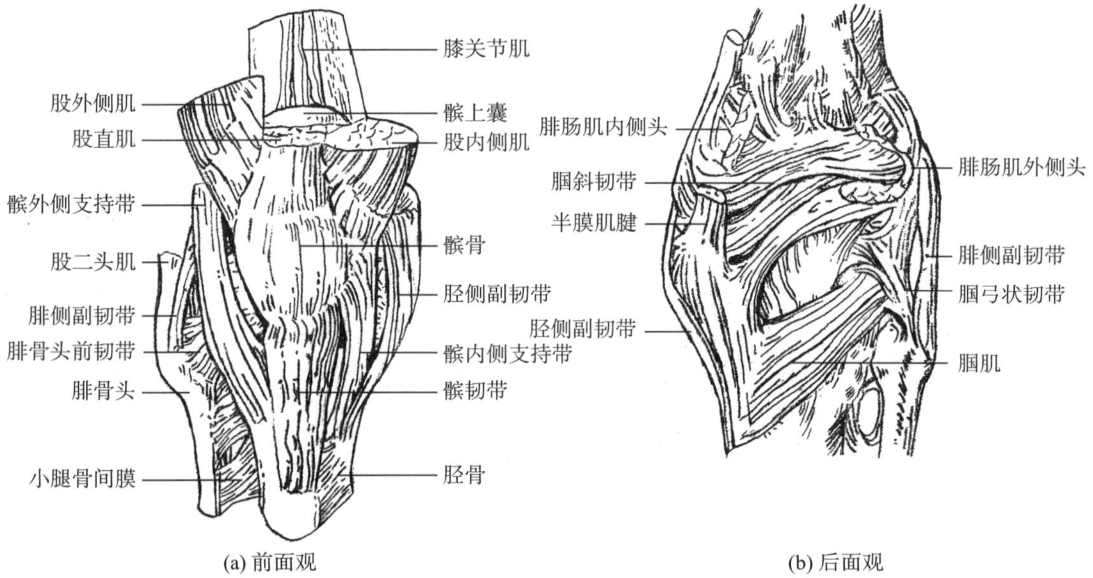

图3-3 膝关节

髌韧带：位于关节囊的前下方、髌骨下缘与胫骨粗隆之间，是股四头肌肌腱的下续部分。

胫侧副韧带：由关节囊内侧份的纤维层增厚形成，呈扁带状，从股骨的内上髁至胫骨的内侧髁，与内侧半月板边缘的中份紧密相连。

腓侧副韧带：位于关节囊的外侧，是一独立的圆索状纤维束，从股骨的外上髁至腓骨头，与关节囊之间留有间隙。

腘斜韧带：位于关节囊后壁，起自胫骨内侧髁，斜向外上方，与关节囊融合，止于股骨外上髁。

前交叉韧带：连于胫骨髁间隆起的前方与股骨外侧髁的内侧面之间。

后交叉韧带：连于胫骨髁间隆起后方与股骨内侧髁外侧面。

内侧半月板：较大，呈“C”形，周缘中份与胫侧副韧带紧密相连。

外侧半月板：较小，近似“O”形，周缘与腓侧副韧带不连接。

踝关节：由胫、腓骨的下端与距骨滑车构成，主要可做背屈和跖屈的运动，在踝关节高度跖屈时，还可做轻度的侧方运动。

内侧韧带（又称三角韧带）：较坚韧，上起于内踝，其纤维向下呈扇形展开，止于足舟骨、距骨和跟骨。

外侧韧带：有3条独立的韧带，较薄弱，前为距腓前韧带，中为跟腓韧带，后为距腓后韧带。3条韧带均起自外踝，分别向前、向下、向后内，止于距骨、跟骨。

跗骨间关节：跗骨间的关节数目较多，重要的有距跟关节、距跟舟关节和跟骰关节。

跗跖关节：由3块楔骨和骰骨与5个跖骨底连结而成，属平面关节，活动甚微。

跖骨间关节：由第2～5趾骨底相邻面构成，属平面关节，活动甚微。

跖趾关节：由跖骨小头与第1节趾骨底构成，属椭圆关节。

趾骨间关节：为各趾骨间相邻的两节趾骨之间的关节。

足弓：由跗骨和跖骨以及足底的韧带和肌腱等组成的凸向上的弓。分为前后方向上的内、外侧纵弓和内外方向上的横弓。横弓由骰骨、3块楔骨和跖骨构成。

四、观察技巧及注意事项

（一）观察技巧

1. 以标准解剖学姿势为前提，先进行标本基本结构观察，再进行各关节的运动观察。

2. 观察颅骨的连结时，以观察“缝”为主，颞下颌关节是唯一的关节。

3. 观察躯干骨

（1）椎体间的连结，要注意脊柱的结节性膨大，椎间盘的横断面（纤维环、髓核），前后走行的韧带（前纵韧带、后纵韧带）；

（2）椎弓间的连结，取正中矢状切的脊柱标本/图谱，观察棘上韧带、棘间韧带、关节突关节等；

（3）脊柱的连结，先观察完整的脊柱，并逐一计数；侧面观察“S”形及4个生理弯曲，后面观察各棘突构成的纵嵴；前面观察脊柱的粗细变化；

（4）胸廓的连结，先观察完整的骨架，了解胸骨和肋骨的排列顺序，再观察胸廓的上口、下口及构成结构；再辨认肋骨和胸骨之间的连结，寻找肋头关节、肋横突关节；辨认胸骨和肋软骨之间的连结，寻找胸肋关节。

4. 观察四肢骨连结时，要先明确上、下肢骨之间的连结以间接连结为主，这与肢体的运动功能息息相关，注意区分上、下肢关节结构的特点：

（1）上肢关节小、运动灵活且形式多样；下肢关节粗大、牢固、灵活性差，为了承重；

（2）上肢关节头较大，关节窝较小，关节囊松弛，韧带等辅助装置较弱；下肢关节头较小，关节窝较深，关节囊及韧带等较为强壮。

5. 观察骨性结构连结时，在模型观察的基础上，学生两人一组进行活体触摸。

（二）注意事项

1. 教师应先做示教，后加强巡视，随时指导学生认识解剖结构；教师强调构成关节的基本结构与辅助结构在保持关节完整性与功能中的作用。

2. 各关节的基本结构与辅助结构的组成及功能。

3. 肩关节与髋关节、肘关节与膝关节在结构及功能上的异同。

4. 应爱护教具。

五、思考题

1. 椎间盘的构造和功能如何？

2. 试述胸廓的组成、运动及功能。

3. 试列举纤维连结、软骨连结和骨结合各两例。

4. 椎骨间主要有哪几种骨连结的形式？

5. 脊柱侧面观上可见几个生理弯曲？有何意义？

6. 试述颞下颌关节的组成及其结构特点。

7. 为什么下山时易造成足内翻扭伤？

8. 肘关节的组成及结构特点是什么？能做哪些运动？肘关节为何易发生后脱位？后脱位时，肘三角发生何种变化？

实训 4 骨骼肌

【实训要点】

（一）头颈肌

1. 熟悉咬肌、颞肌、眼轮匝肌、口轮匝肌的位置和作用。

2. 识记胸锁乳突肌的位置、起止和作用，以及斜角肌间隙。

3. 理解舌骨下肌群的名称、位置。

（二）躯干肌

1. 识记胸大肌的位置、起止及作用。

2. 识记肋间肌的位置和作用，膈的位置、孔裂和作用。

3. 识记腹肌前外侧群的名称、层次及纤维方向，竖脊肌的位置和作用，胸腰筋膜的位置和组成，腹直肌鞘的位置和组成，腹股沟管的位置、组成及其通过的内容物。

4. 熟悉斜方肌、背阔肌的位置、起止和作用。

5. 识记重要的肌性标志：颞肌、咬肌、胸锁乳突肌、胸大肌、腹直肌、斜方肌和背阔肌。

（三）上肢肌

1. 识记三角肌的位置、起止和作用。

2. 熟悉肱二头肌、肱三头肌、旋前圆肌的位置、起止和作用。

3. 理解前臂屈肌群、伸肌群的名称和位置排列关系。

4. 理解手部肌肉的分群。

5. 识记上肢的重要肌性标志：三角肌、肱二头肌及肱二头肌腱、掌长肌腱、桡侧和尺侧腕屈肌腱、指浅屈肌腱、指伸肌腱、拇长伸肌腱和拇短伸肌腱、拇长展肌腱。

（四）下肢肌

1. 识记臀大肌的位置、起止和作用。

2. 熟悉股四头肌、小腿三头肌的位置、起止和作用。

3. 理解其他下肢肌的名称、位置、分群和主要作用。

4. 识记下肢的重要肌性标志：臀大肌、股四头肌、半腱和半膜肌腱、股二头肌腱、腓肠肌、拇长伸肌腱、胫骨前肌腱和跟腱。

一、实训目的

1. 简述躯干肌的分部、名称、位置和层次；简述背浅肌及竖脊肌的位置、外形、起止和作用。

2. 简述胸固有肌的位置、起止和作用；简述膈的位置、外形、孔裂和作用；简述胸上肢肌的位置、起止和作用。

3. 描述腹肌的位置、形态特点、起止和作用。

4. 简述咀嚼肌的位置、起止和作用；简述表情肌的配布特点；简述胸锁乳突肌、斜角肌的位置、起止和作用；简述舌骨上、下肌群的位置和作用。

5. 简述三角肌、臂肌的位置、作用；简述旋前、旋后肌的位置和作用；了解肩带肌、臂肌、前臂肌、手肌的位置和作用。

6. 简述臀大肌、梨状肌的位置、起止和作用；简述股前、内侧、后群肌，以及小腿前、后、外侧群肌的位置和作用；了解髋肌（后群肌）、足肌的位置和作用。

7. 触摸体表标志肌。

二、用物准备

全身肌肉模型。

三、辨认结构

（一）头肌

颅顶肌：宽而薄，左、右各一块，由前、后两个肌腹和中间的帽状腱膜构成。额部皮下称为额腹，枕部皮下称为枕腹。

颊肌：位于面颊深部，紧贴口腔侧壁。

口周围肌：结构上高度分化，形成复杂的肌群，包括辐射状肌和环形肌。

眼轮匝肌：呈扁椭圆形，位于睑裂周围，分为眶部、睑部和泪囊部。

咬肌：起自颧弓的下缘和内面，纤维斜向后下止于下颌支和下颌角的外面。

颞肌：起自颞窝，肌束扇形向下汇聚，经颧弓的深面，止于下颌骨的冠突。

翼内肌：起自翼窝，向下外止于下颌角的内面。

翼外肌：在颞下窝内，起自蝶骨大翼的下面和翼突的外侧，向外止于下颌颈。

（二）颈肌

颈肌：可依其所在位置分为颈浅肌与颈外侧肌、颈前肌、颈深肌3群。

颈阔肌：位于颈部浅筋膜中，薄而宽阔，起自胸大肌和三角肌表面的筋膜，向上内止于口角、下颌骨下缘及面部皮肤。

胸锁乳突肌：位于颈部两侧皮下，起自胸骨柄前面和锁骨的胸骨端，两头汇合斜向后上方，止于颞骨的乳突。

舌骨上肌群：二腹肌、下颌舌骨肌、茎突舌骨肌、颏舌骨肌。

舌骨下肌群：肩胛舌骨肌、胸骨舌骨肌、胸骨甲状肌、甲状舌骨肌。

前斜角肌、中斜角肌和后斜角肌：各肌均起自颈椎横突，其中前、中斜角肌止于第1肋，后斜角肌止于第2肋。

斜角肌间隙：前、中斜角肌与第1肋之间的空隙，有锁骨下动脉和臂丛通过。

（三）躯干肌

背肌（图4-1）分为背浅肌、背深肌和背部筋膜。

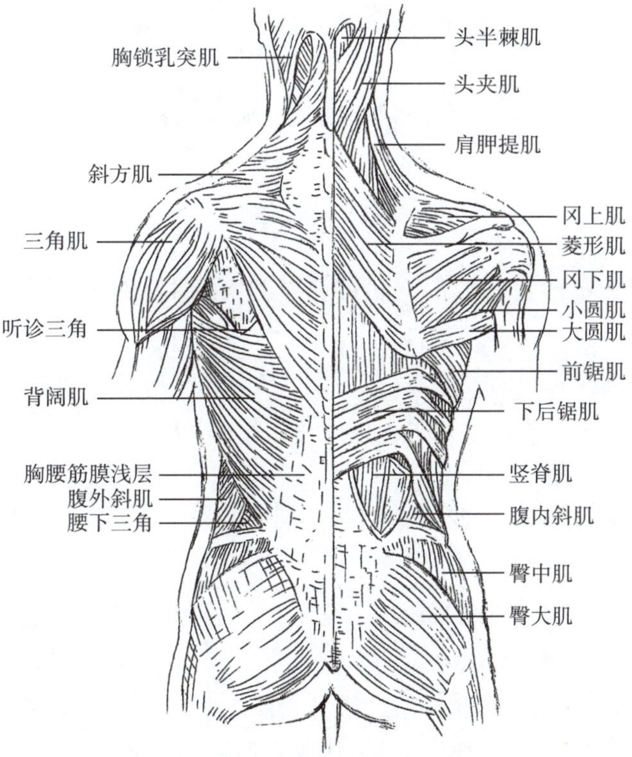

图4-1 背肌

斜方肌：位于项部和背上部的浅层，起自上项线、枕外隆凸、项韧带、第7颈椎和全部胸椎的棘突，止于锁骨的外侧1/3部分、肩峰和肩胛冈。

背阔肌：位于背下半部及胸后外侧，以腱膜起自下6个胸椎的棘突、全部腰椎的棘突、骶正中嵴及髂嵴后部等处，肌束向外上方集中，以扁腱止于肱骨小结节嵴。

肩胛提肌：位于项部两侧、斜方肌的深面，起自上4个颈椎的横突，止于肩胛骨的上角。

菱形肌：位于斜方肌的深面，起自第6、第7颈椎和第1～4胸椎的棘突，止于肩胛骨的内侧缘。

竖脊肌：又称骶棘肌，位于脊柱两侧的沟内，起自骶骨背面和髂嵴的后部，沿途止于椎骨和肋骨，向上可达颞骨乳突。

胸上肢肌（图4-2）包括胸大肌、胸小肌、前锯肌等。

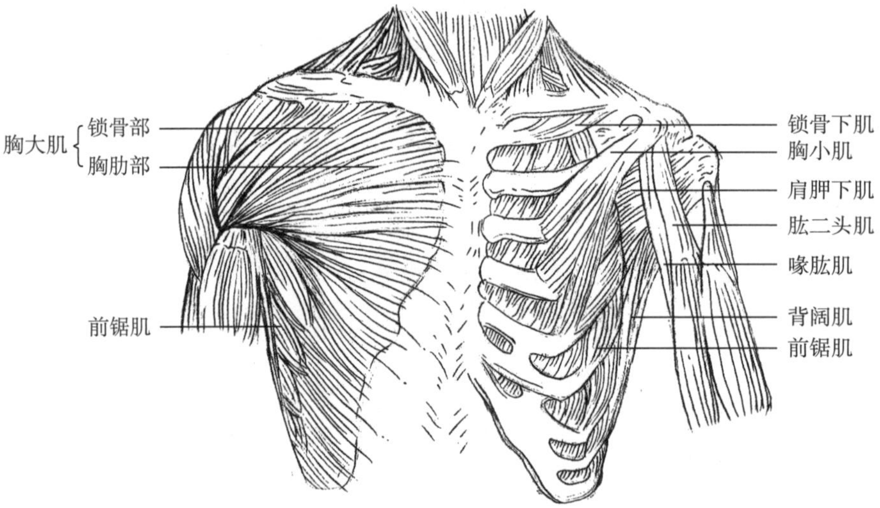

图4-2 胸上肢肌

胸大肌：覆盖胸廓前壁的大部，起自锁骨的内侧半、胸骨和第1～6肋软骨等处，止于肱骨大结节嵴。

胸小肌：位于胸大肌深面，起自第3～5肋骨，止于肩胛骨的喙突。

前锯肌：位于胸廓侧壁，以数个肌齿起自上8个或9个肋骨，肌束经肩胛骨的前方，止于肩胛骨内侧缘和下角。

肋间外肌：共11对，位于各肋间隙的浅层，起自上位肋骨下缘，肌束斜向前下，止于相邻下一肋骨的上缘。

肋间内肌：位于肋间外肌的深面，起自下位肋骨的上缘，止于相邻上位肋骨的下缘。

腹前壁肌（图4-3）主要由腹直肌、腹外斜肌、腹内斜肌等组成。

腹直肌：位于腹前壁正中线的两旁，居腹直肌鞘中，起自耻骨联合和耻骨嵴，肌束向上止于胸骨剑突和第5～7肋软骨的前面。

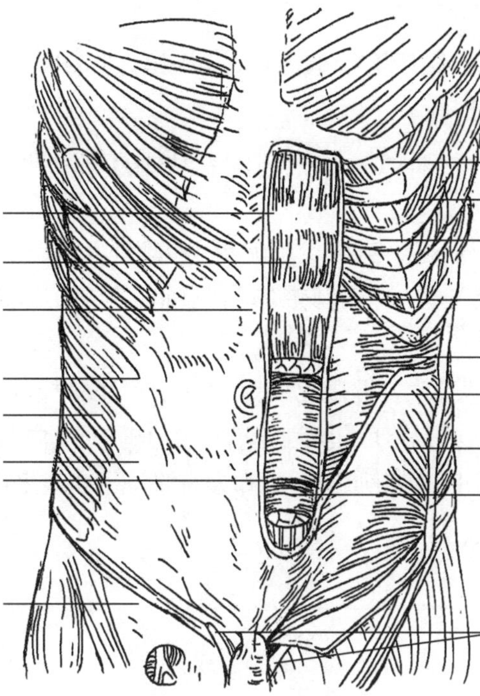

图4-3 腹前壁肌

腹直肌鞘：由腹外侧壁3块扁肌的腱膜包绕腹直肌构成。

腱划：分隔腹直肌的几个结缔组织束。

弓状线：在脐以下4～5cm处，腹直肌鞘后层由于腱膜中断而形成一凸向上方的弧形分界线。

白线：位于腹前壁正中线上，上起自剑突，下止于耻骨联合，为左右腹直肌鞘之间的隔。

腹外斜肌：位于腹前外侧部的浅层，以8个肌齿起自下8个肋骨的外面，肌纤维斜向前下，后部肌束向下止于髂嵴前部，其肌束向内移行于腱膜，经腹直肌的前面，止于白线。

腹内斜肌：在腹外斜肌深面，起于胸腰筋膜、髂嵴和腹股沟韧带的外侧1/2处，后部肌束止于下位3个肋骨，大部分肌束向前上方延续为腱膜，参与构成腹直肌鞘的前层及后层，止于白线。

腹横肌：在腹内斜肌深面，起自下6个肋软骨的内面、胸腰筋膜、髂嵴和腹股沟韧带的外侧1/3处，肌束横行向前延续为腱膜，腱膜越过腹直肌后面止于白线。

腰方肌：位于腹后壁的脊柱两侧，内侧有腰大肌，后方有竖脊肌。

膈：为穹隆形的阔肌，位于胸、腹腔之间。可分为3部：胸骨部起自剑突后面；肋部起自下6对肋骨和肋软骨；腰部以左、右两个膈脚起自上2～3个腰椎以及起自腰大肌和腰方肌表面的内、外侧弓状韧带。各部肌纤维向中央移行于中心腱。

腹股沟管：在腹股沟韧带内侧半的上方，为男性精索或女性子宫圆韧带所通过的肌和腱之间的一条裂隙。

腹股沟管深（腹）环：腹股沟管的内口，在腹股沟韧带中点上方约1.5cm处，为腹横筋膜向外突而形成的卵圆形孔。

腹股沟管浅（皮下）环：腹股沟管的外口，在耻骨结节外上方，腹外斜肌腱膜形成一三角形的裂孔。

腹股沟韧带：连于髂前上棘与耻骨结节之间的腹外斜肌腱膜下缘卷曲增厚的部分。

腔隙韧带（陷窝韧带）：腹股沟韧带的内侧端向下后方反折至耻骨梳的一小束腱纤维。

耻骨梳韧带（Cooper韧带）：腔隙韧带延伸并附于耻骨梳的部分。

腹股沟镰：腹内斜肌与腹横肌的腱性结合，止于耻骨梳内侧端及耻骨结节附近。

腹横筋膜：贴于腹横肌、腹直肌鞘后层和腹直肌（弓状线平面以下）深面的深筋膜。

（四）上肢肌（图4-4）

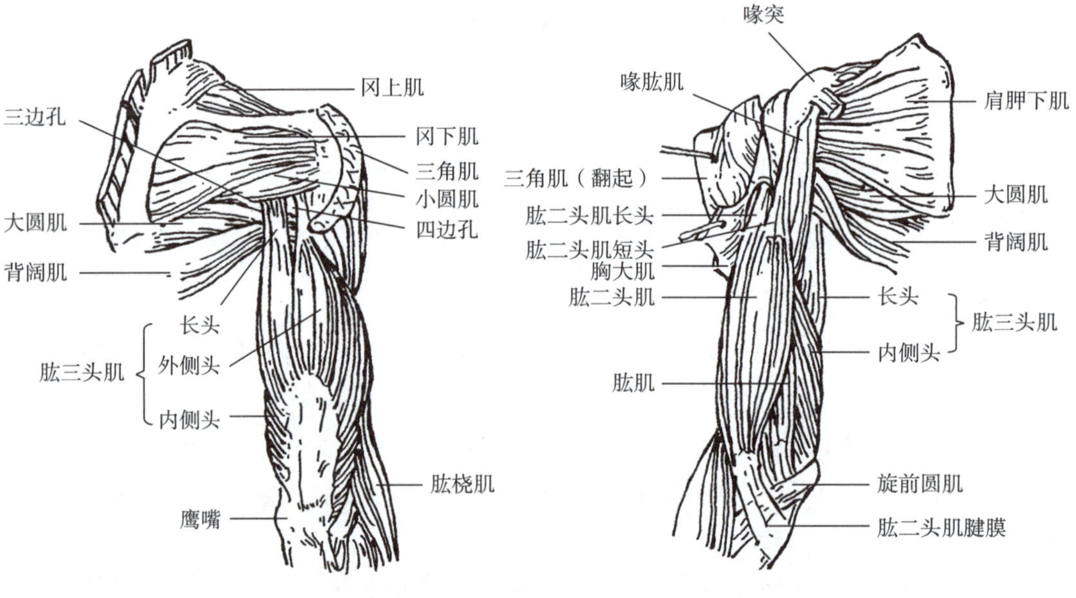

(a) 后面观　　(b) 前面观

图4-4　上肢带肌与臂肌

上肢带肌：配布于肩关节周围，起自上肢带骨，止于肱骨。

三角肌：位于肩部，起自锁骨的外侧段、肩峰和肩胛冈，止于肱骨体外侧的三角肌粗隆。

冈上肌：位于斜方肌深面，起自肩胛骨冈上窝，止于肱骨大结节的上部。

冈下肌：起自冈下窝，肌束向外经肩关节后面，止于肱骨大结节的中部。

小圆肌：位于冈下肌下方，起自肩胛骨外侧缘背面，止于肱骨大结节下部。

大圆肌：位于小圆肌的下方，起自肩胛骨下角的背面，止于肱骨小结节嵴。

肩胛下肌：起自肩胛下窝，止于肱骨小结节。

臂肌：覆盖肱骨，形成前、后两群。前群主要为屈肌，后群为伸肌。

肱二头肌：长头起自肩胛骨盂上结节，通过肩关节囊，短头起自肩胛骨喙突，两头合并成一个肌腹，止于桡骨粗隆。

喙肱肌：在肱二头肌短头的后内方，起自肩胛骨喙突，止于肱骨中部的内侧。

肱肌：位于肱二头肌的深面，起自肱骨体下半的前面，止于尺骨粗隆。

肱三头肌：长头起自肩胛骨盂下结节，外侧头与内侧头分别起自肱骨后面桡神经沟的外上方和内下方的骨面，3个头向下以一肌腱止于尺骨鹰嘴。

前臂肌：位于尺、桡骨的周围，分为前（屈肌）、后（伸肌）两群。

前臂前群肌第1层：有5块肌，自桡侧向尺侧依次为肱桡肌、旋前圆肌、桡侧腕屈肌、掌长肌和尺侧腕屈肌。

前臂前群肌第2层：指浅屈肌。

前臂前群肌第3层：位于桡侧的拇长屈肌和位于尺侧的指深屈肌。

前臂前群肌第4层：旋前方肌。

前臂后群肌浅层：有5块肌，自桡侧向尺侧依次为桡侧腕长伸肌、桡侧腕短伸肌、指伸肌、小指伸肌和尺侧腕伸肌。

前臂后群肌深层：有5块肌，自桡侧向尺侧依次为旋后肌、拇长展肌、拇短伸肌、拇长伸肌和示指伸肌。

手肌外侧群：拇短展肌位于浅层外侧，拇短屈肌位于浅层内侧，拇对掌肌位于拇短展肌的深面，拇收肌位于拇对掌肌的内侧。

手肌内侧群：小指展肌位于浅层内侧，小指短屈肌位于浅层外侧，小指对掌肌位于上述两肌的深面。

手肌中间群：位于掌心，蚓状肌位于指深屈肌腱桡侧，骨间掌侧肌位于第2～4掌骨间隙内，骨间背侧肌位于4个骨间隙的背侧。

（五）下肢肌（图4-5）

下肢带肌：主要起自骨盆的内面和外面，跨过髋关节，止于股骨上部，主要运动髋关节。

髂腰肌：由腰大肌和髂肌组成。腰大肌起自腰椎体侧面和横突，髂肌起自髂窝，两肌向下汇合，经腹股沟韧带深面，止于股骨小转子。

阔筋膜张肌：位于大腿上部前外侧，起自髂前上棘，肌腹在阔筋膜两层之间，向下移行于髂胫束，止于胫骨外侧髁。

臀大肌：位于臀部浅层，起自髂骨翼外面和骶骨背面，止于髂胫束和股骨的臀肌粗隆。

臀中肌：前上部位于皮下，后下部位于臀大肌的深面。

臀小肌：位于臀中肌的深面。

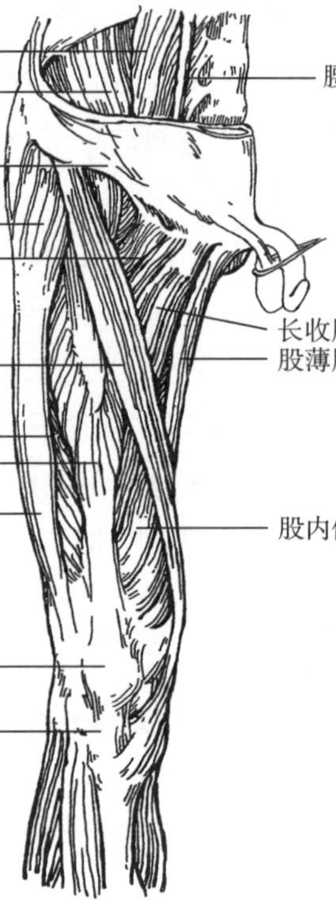

图4-5 髋肌和大腿肌前群（浅层）

梨状肌：起自骶骨前面，向外出坐骨大孔，止于股骨大转子尖端。梨状肌向外出坐骨大孔达臀部，止于股骨大转子尖端。该肌将坐骨大孔分为梨状肌上孔和梨状肌下孔。

闭孔内肌：起自闭孔膜内面及其周围骨面，由坐骨小孔出骨盆转折向外，止于转子窝。

闭孔外肌：在股方肌深面，起自闭孔膜外面及周围骨面，经股骨颈的后方，止于转子窝。

股方肌：起自坐骨结节，向外止于转子间嵴。

大腿肌分为前群、后群和内侧群。

缝匠肌：全身最长的肌，起于髂前上棘，经大腿的前面，止于胫骨上端的内侧面。

股四头肌：全身最大的肌，有4个头，股直肌起于髂前下棘，股内侧肌和股外侧肌分别起自股骨粗线内、外侧唇，股中间肌位于股直肌的深面，4个头向下形成腱，包绕髌骨，下延为髌韧带，止于胫骨粗隆。

耻骨肌：为长方形的短肌，位于髂腰肌的内侧。

长收肌：呈三角形，位于耻骨肌的内侧。

股薄肌：为长条肌，位于大腿最内侧。

短收肌：位于耻骨肌和长收肌的深面。

大收肌：位于耻骨肌、长收肌、短收肌的深面，大而厚，呈三角形。

股二头肌：位于股后部的外侧，长头起自坐骨结节，短头起自股骨粗线，两头汇合止于腓骨头。

半腱肌：位于股后部的内侧浅层，肌腱细长，几乎占肌的一半。

半膜肌：在半腱肌的深面，上部是扁薄的腱膜，几乎占肌的一半。

小腿肌：可分为前群、后群（图4-6）、外侧群3群。

小腿前群肌：共3块肌，自胫侧向腓侧为胫骨前肌、踇长伸肌、趾长伸肌。

小腿外侧群肌：有腓骨长肌和腓骨短肌，两肌皆起自腓骨外侧面，长肌起点较高，并掩盖短肌。

小腿后群肌浅层：小腿三头肌，浅表的两个头称腓肠肌；位置较深的一个头是比目鱼肌，与腓肠肌的腱合成粗大的跟腱止于跟骨。

小腿后群肌深层：从胫侧向腓侧为趾长屈肌、胫骨后肌、踇长屈肌。

足肌可分为足背肌和足底肌。足背肌较薄弱，包括伸踇趾的踇短伸肌和伸第2～5趾的趾短伸肌。足底肌的配布情况和作用与手掌肌相似，也分为内侧群、外侧群和中间群，但没有与拇指和小指相当的对掌肌。

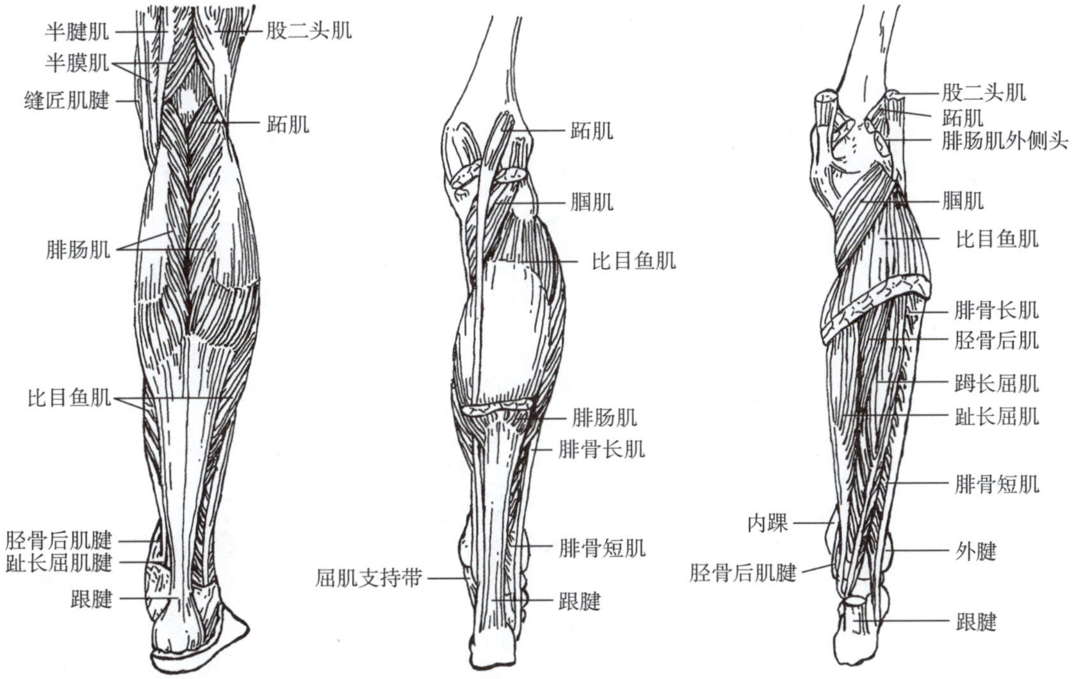

图4-6 小腿后群肌

四、观察技巧及注意事项

（一）观察技巧

1. 以标准解剖学姿势为前提，在认清各方位的基础上认识肌肉的走行方向、起止点及作用。

2. 结合3Dbody三维立体图形进行肌肉的分层学习，辅助肌肉定位。
3. 观察肌肉体表标志物时，在模型观察的基础上，学生两人一组进行活体触摸。

（二）注意事项

1. 教师应先做示教，后加强巡视，随时指导学生认识解剖结构。
2. 注意采用分层的方式识记肌肉的位置，结合肌肉的功能记忆其起止点。

五、思考题

1. 试述腱鞘的位置、构造和临床意义。
2. 参与呼吸运动的肌肉有哪些？
3. 膈肌有哪几个裂孔？各有什么结构通过？膈肌的主要作用是什么？
4. 参与足内翻、足外翻的肌肉有哪些？

实训 5 消化系统（消化管）

【实训要点】

（一）总论

1. 熟悉内脏的概念、范围以及各系统的主要功能。
2. 理解内脏中空性器官和实质性器官的一般构造。
3. 识记胸部和腹部的标志线，以及腹部的分区。
4. 理解消化系统的组成和功能。
5. 熟悉上、下消化道的概念。

（二）口腔

1. 识记口腔的分部及其界限。
2. 理解唇、颊、腭的形态结构。
3. 识记咽峡部位及概念。
4. 识记牙的形态构造和分类，乳牙和恒牙的排列顺序和牙式。
5. 熟悉牙周组织的构造和作用。
6. 识记舌的形态和黏膜，掌握颏舌肌的起止、位置和作用。
7. 识记唾液腺的位置、形态和腺管的开口。

（三）咽

1. 识记咽的形态、位置和分部。
2. 识记鼻咽部的重要结构。
3. 识记腭扁桃体和咽淋巴环的位置和功能。
4. 理解咽壁的构造。

（四）食管

1. 识记食管的形态、位置和分部。
2. 识记食管三个生理性狭窄的位置和临床意义。

（五）胃

1. 识记胃的位置、形态、分部和功能。
2. 理解胃壁的构造。

（六）小肠

1. 识记小肠的位置、分部和功能。
2. 识记十二指肠的位置、形态、分部及各部的结构特点。
3. 识记空、回肠的位置和构造，以及两者在外观上的区别。

（七）大肠

1. 识记大肠的分部、形态及结构特征。
2. 识记盲肠和阑尾的位置、形态结构及阑尾根部的体表投影。
3. 熟悉结肠的分部及各部的位置。
4. 识记直肠的形态、位置和构造。
5. 识记肛管的位置及其结构特征。
6. 熟悉肛门内、外括约肌的位置，肛门外括约肌的分部，肛管直肠环的构成及功能意义。

一、实训目的

1. 简述内脏的概念、一般形态、构造特点，消化系统的组成和功能，上、下消化道的概念。
2. 简述口腔的组成和分部，咽的位置分部及交通，腭扁桃体的位置。
3. 简述牙的种类、数目、牙式、形态和构造；舌的形态构造。
4. 简述食管的形态、位置、分部和狭窄部位。
5. 简述胃和小肠的分部，以及活体中胃和阑尾的形态、位置和可能的变化。
6. 简述大肠的分部、形态及其特征性结构，简述肛管的形态、结构特点。
7. 简述胃肠道各段在构造上的共同点和不同点，解释各段黏膜的特征。

二、用物准备

腹腔脏器标本、头部正中矢状面标本、口腔模型、消化系统模型、3Dbody解剖系统。

三、辨认结构

（一）胸腹部体表标志线及分区（图5-1）

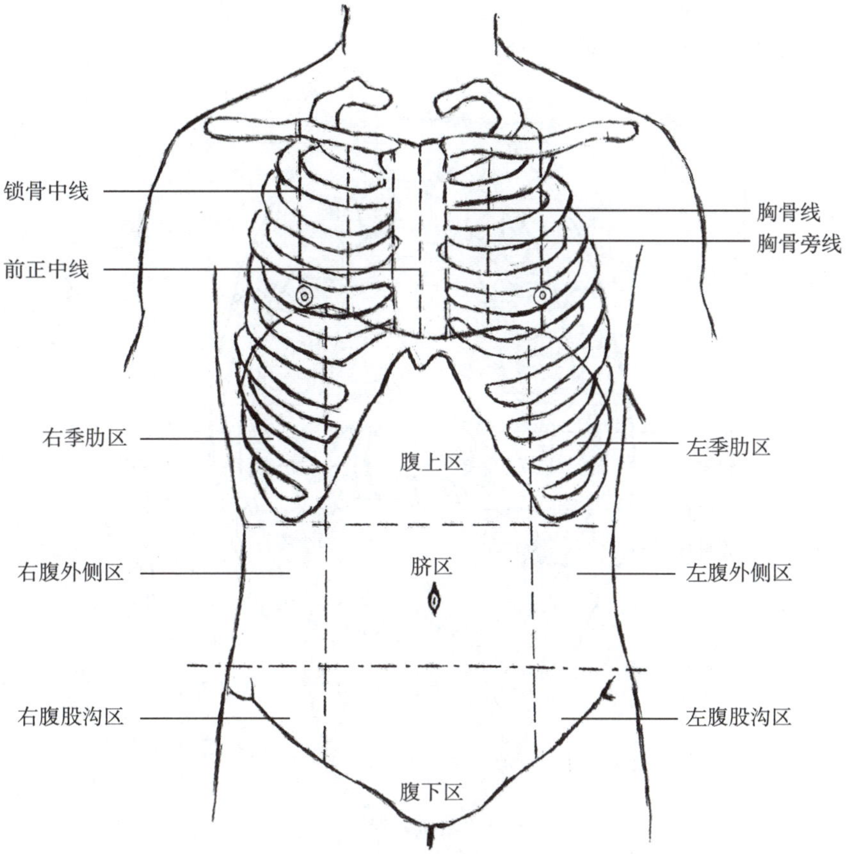

图5-1　胸腹部体表标志线及分区

1. 胸部标志线

（1）前正中线：为沿身体前面正中所作的垂直线。

（2）胸骨线：为沿胸骨外侧缘最宽处所作的垂直线。

（3）锁骨中线：为经锁骨中点所作的垂直线。

（4）胸骨旁线：为经胸骨线和锁骨中线之间连线的中点所作的垂直线。

（5）腋前线：为经腋前襞所作的垂直线。

（6）腋后线：为经腋后襞所作的垂直线。

（7）腋中线：为经腋前线、腋后线之间连线的中点所作的垂直线。

（8）肩胛线：为经肩胛骨下角所作的垂直线。

2. 腹部分区

（1）九分法：基于左、右锁骨中线，肋下平面和髂结节平面进行划分，上腹部的腹上区和左、右季肋区，中腹部的脐区和左、右腰区，下腹部的腹下区和左、右髂区。

（2）四分法：经脐平面和正中矢状面划分为右上腹、左上腹、右下腹、左下腹。

（二）口腔及咽峡（图5-2）

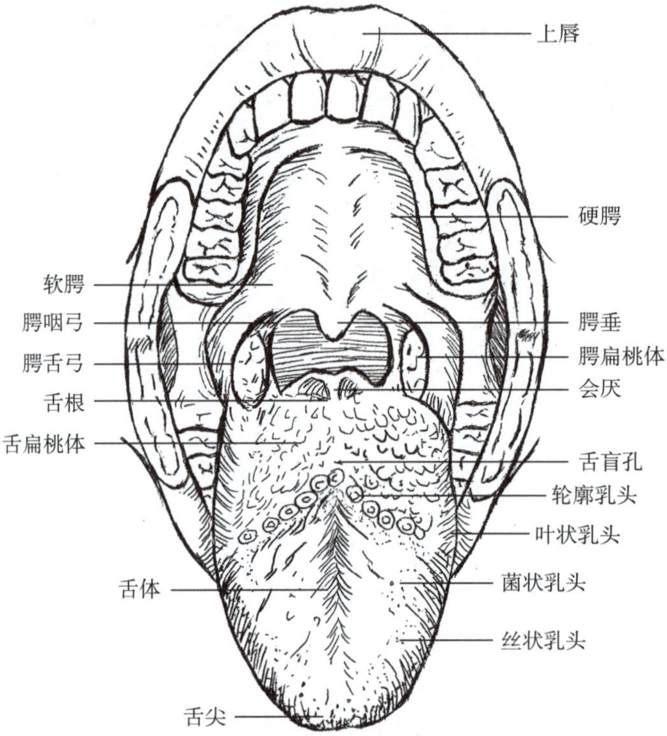

图5-2 口腔及咽峡

硬腭：腭的前2/3，主要由骨腭及其覆盖的黏膜构成。

软腭：腭的后1/3，主要由肌肉和黏膜构成。

腭帆：软腭的后部向后下倾斜的部分。

腭垂：腭帆后缘游离，其中央有一向下的垂吊突起。

腭舌弓：自腭帆向两侧弯向下连于舌根的弓状黏膜皱襞。

腭咽弓：自腭帆向两侧弯向下连于咽侧壁的弓状黏膜皱襞。

咽峡：由腭垂、腭帆游离缘、两侧的腭舌弓及舌根共同围成的狭窄道口，是口腔和咽的分界标志。

切牙：牙冠扁平，只有1个牙根。

尖牙：又称犬牙，牙冠呈锥形，有1个牙根。

前磨牙：牙冠呈方圆形，一般只有1个牙根，但上颌第1前磨牙有时为2个牙根。

磨牙：牙冠最大，呈方圆形，上颌磨牙有3个牙根，下颌磨牙有2个牙根。

牙冠：露出牙龈以外的部分。

牙颈：被牙龈所覆盖的部分。

牙根：嵌入牙槽骨的部分。

牙根管：牙根内的细管。

牙腔：牙内的空腔，包括牙根管和牙冠腔。

牙髓：由牙腔内的血管、神经与其间的结缔组织共同构成。

牙周组织：包括牙龈、牙周膜、牙槽骨3部分，对牙具有支持、保护、固定作用。

牙周膜：介于牙根和牙槽骨之间的致密结缔组织。

牙龈：包绕着牙颈并与牙槽骨的骨膜紧密相连，为口腔黏膜的一部分。

牙（本）质：牙的主要构成部分，与骨质相似，但较骨质坚硬。

牙釉质：牙本质的牙冠处覆盖的一层坚硬而光滑的釉柱和少量间质。

牙骨质：在牙颈和牙根处的牙本质外表面覆盖，其组成结构在牙根处与骨组织相似；但在牙颈处的牙骨质较薄，且无骨细胞。

舌界沟：舌的上面“V”形的浅沟，将舌分为前2/3的舌尖、舌体和后1/3的舌根。

舌扁桃体：舌根部黏膜内的许多由淋巴组织组成的小结。

舌乳头：舌体和舌尖黏膜形成的许多乳头状隆起。

丝状乳头：遍布于舌背各处，数量最多，体形最小。

菌状乳头：数量较少，散于丝状乳头之间，舌侧缘与舌尖部较多。

轮廓乳头：排列在界沟的前方，有7～11个，呈车轮状。

叶状乳头：位于舌侧缘的后部，形如叶片。

舌系带：舌的下面正中线上一条纵行的黏膜皱襞。

舌下阜：舌系带根部两侧的小圆形隆起。

舌下襞：舌下阜两侧向外侧的延续。

舌内肌、舌外肌：舌内肌的起止均在舌内，其纤维的走向可分为纵行肌、横行肌和垂直肌3种。舌外肌起自舌外，止于舌内，包括颏舌肌、舌骨舌肌和茎突舌肌3对。

颏舌肌：起自下颌体后面的颏棘，肌纤维呈扇形向后上方分散，止于舌中线的两侧。

人体有三对大唾液腺（图5-3），分别是腮腺、下颌下腺还有舌下腺。

腮腺：是最大的一对唾液腺，位于外耳道的前下方，下颌支和胸锁乳突肌之间的下颌后窝内，借腮腺管开口于平对上颌第2磨牙的颊黏膜上。

腮腺管：由腮腺浅部前缘发出，在颧弓下方一横指处，横过咬肌浅面，至咬肌前缘转向内侧，穿颊肌，开口于与上颌第2磨牙牙冠相对的颊黏膜处。

下颌下腺：位于下颌骨下缘与二腹肌前、后腹所围成的下颌下三角内，其导管开口于舌下阜。

下颌下腺管：自腺的内侧面发出，沿口底黏膜的深面前行，开口于舌下阜。

舌下腺：位于口腔底部舌下襞的深面，导管有大、小两种，大管开口于舌下阜，小管开口于舌下襞。

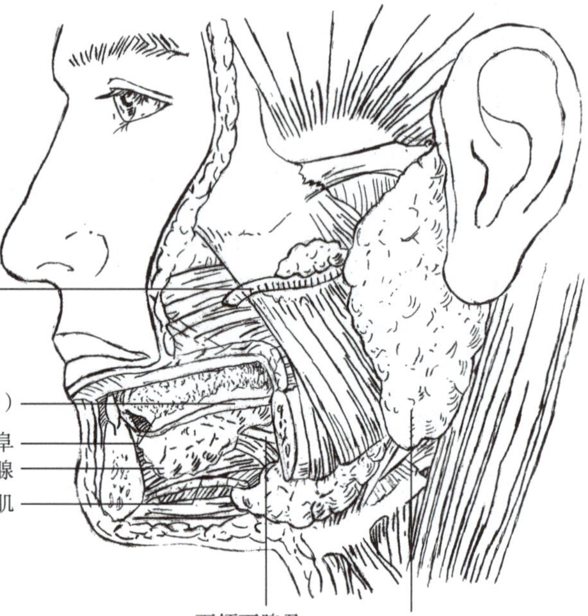

图5-3　大唾液腺

（三）咽

头颈部正中矢状切面结构见图5-4。

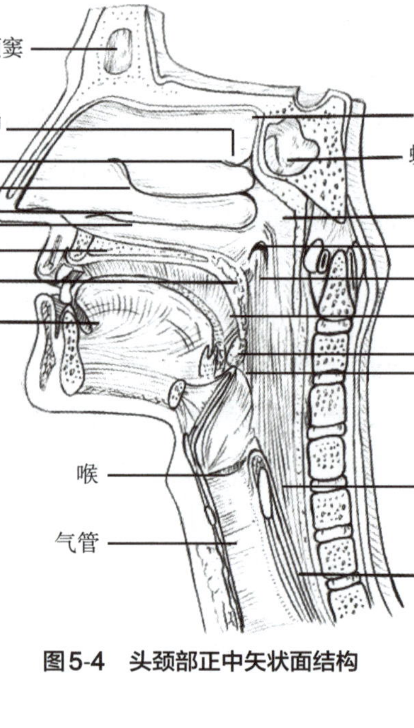

图5-4　头颈部正中矢状面结构

鼻咽：为咽腔的上部，介于颅底与软腭后缘水平之间。

咽鼓管咽口：位于鼻咽的侧壁上，约平下鼻甲后方的1cm处。

咽鼓管圆枕：咽鼓管咽口的前、上、后方的明显弧形隆嵴。

咽隐窝：咽鼓管圆枕后方的一纵行凹陷。

咽扁桃体：咽鼓管咽口附近黏膜内的淋巴组织。

口咽：为咽腔的中部，介于软腭后缘与会厌上缘平面之间。

会厌谷：舌会厌正中襞两侧的浅凹。

扁桃体窝（腭扁桃体）：口咽外侧壁的腭舌弓与腭咽弓之间的一凹窝，窝内容纳腭扁桃体。

喉咽：咽下部最狭窄的部分，位于会厌上缘与第6颈椎下缘平面之间。

喉口：朝向后上方，前界是会厌软骨上缘，两侧界为杓状会厌襞，后界为杓间切迹。

梨状隐窝：喉口两侧的深凹。

（四）食管（图5-5）

食管：上在第6颈椎下缘处接咽，下在第11胸椎平面连贲门处，全长约25cm，可分为颈部、胸部和腹部3段。

食管全长有三处狭窄：第1狭窄位于食管起始处，距中切牙约15cm；第2狭窄位于食管与左主支气管交叉处，距中切牙约25cm；第3狭窄位于食管穿膈处，距中切牙约40cm。

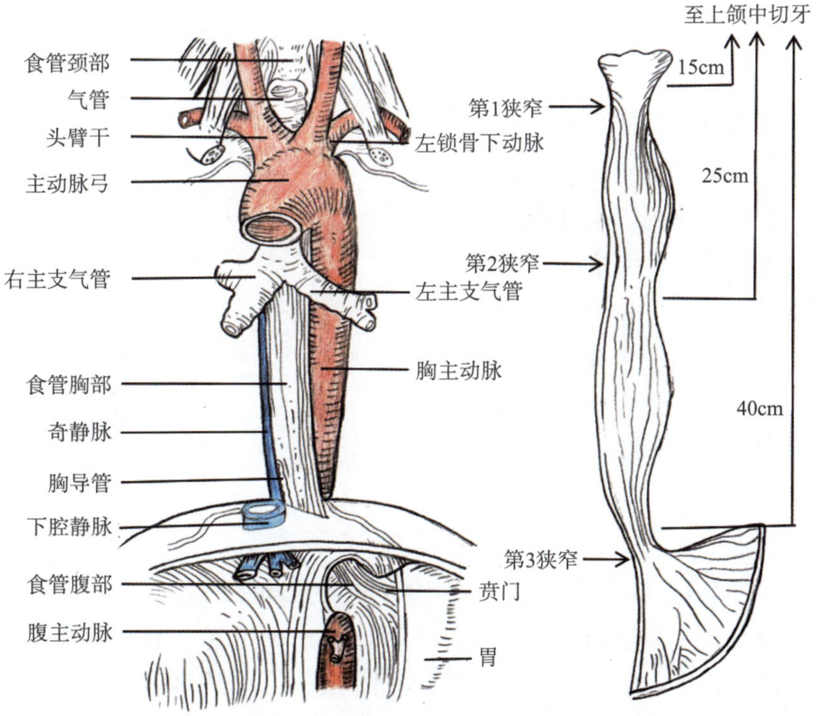

图5-5 食管及其狭窄部位

（五）胃（图5-6）

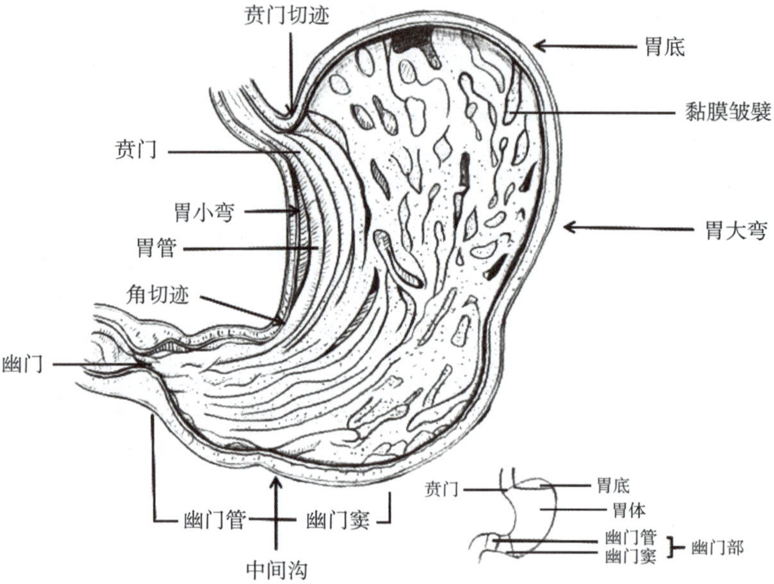

图5-6 胃

胃小弯：胃的右上缘，凹向右后上方。

胃管：胃小弯处较为恒定的纵行皱襞间的浅沟。

胃大弯：呈弧形凸向左上方，形成胃底的上界；凸向左前下方的部分构成胃的左下缘。

贲门：胃的入口。

贲门切迹：食管与胃底之间的夹角。

角切迹：胃小弯最低点近幽门处。

胃底：贲门切迹平面以上膨隆的部分。

胃体：胃底与角切迹面之间的部分。

幽门：胃的出口，下接十二指肠。

幽门管：幽门部右侧管腔狭窄部。

幽门窦：幽门部左侧管腔扩大部。

幽门括约肌：幽门处环行肌层增厚形成。

（六）小肠

十二指肠（图5-7）是小肠的第一段，介于胃与空肠之间。

十二指肠球部：十二指肠上部近幽门约2.5cm的一段管壁，较薄、黏膜光滑。

十二指肠纵襞：十二指肠降部后内侧壁黏膜朝内的纵向轻微隆起。

十二指肠大乳头：十二指肠纵襞下端的乳头状隆起，有肝胰壶腹的开口。

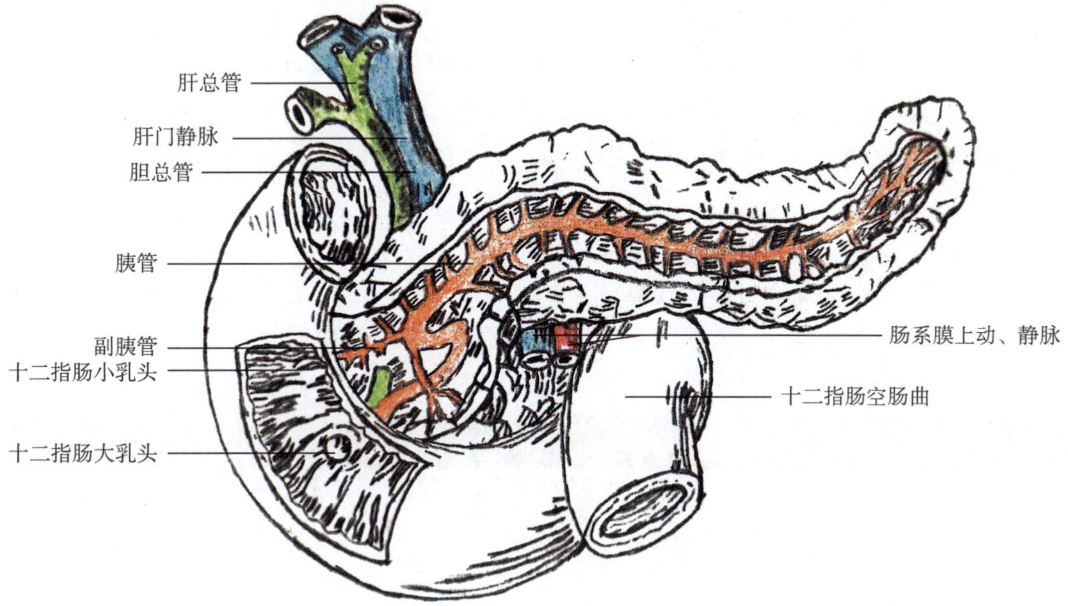

图 5-7 十二指肠

十二指肠小乳头：大乳头的稍上方，有时还有一个小突起，是副胰管的开口。

十二指肠悬肌：十二指肠空肠曲连于右膈脚的肌纤维和结缔组织。

十二指肠悬韧带：又称Treitz韧带，由十二指肠悬肌和其表面的腹膜皱襞共同构成。

十二指肠空肠襞：又称十二指肠上襞，是位于十二指肠空肠曲左侧、横结肠系膜根下方的腹膜皱襞。

血管弓：由空肠、回肠血管反复分支并吻合形成，最多可达5级弓。

直血管：由最后一级血管弓发出进入肠壁的直行小支。

（七）大肠

结肠带：是由肠壁的纵行肌增厚而成，共有3条，沿肠管的纵轴平行排列。

结肠袋：结肠肠管形成的许多由横沟隔开的囊状膨出。

肠脂垂：为结肠带两侧由浆膜包裹脂肪组织的指状小突起。

回盲口：盲肠上端左侧回肠末端的开口。

回盲瓣：回盲口上、下缘呈唇状凸入盲肠的黏膜皱襞。

阑尾：为一条细长蚓状的盲管，其根部附着于盲肠的后内侧壁。

阑尾系膜：呈三角形，将阑尾连于肠系膜下方的腹膜结构。

直肠瓣（直肠横襞）：直肠内面上、中、下3条半月形的横行皱襞，由黏膜和环行肌构成。

肛管：是盆膈以下的消化管，长约4cm，上连直肠，下止于肛门。

肛柱：肛管内6～10条纵行的黏膜皱襞。

肛瓣：肛柱下端之间半月形的黏膜皱襞。

肛窦：肛瓣与肛柱下端共同围成开口朝上的小隐窝。

齿状线：肛瓣与肛柱下端共同围成一锯齿状的环形线，又称肛皮线。

肛梳：齿状线下方，肛管内面一条宽约1cm略微凸起的环行带，又称痔环。

白线：肛梳的下缘距肛门1～1.5cm处一淡蓝色的环形线，其位置相当于肛门内、外括约肌的交界处。

肛门内括约肌：为肠壁的环行肌层增厚而成。

肛门外括约肌：为横纹肌，围绕在肛门内括约肌的外面，可分为皮下部、浅部和深部、浅部和深部控制排便。

四、观察技巧及注意事项

（一）观察技巧

1. 内脏标本多为游离标本，观察前应先按解剖学姿势摆放好；再结合3Dbody三维立体图形进行各个脏器立体结构的学习。

2. 注意结合整体标本和图谱观察各脏器的相邻位置及结构。

3. 注重观察顺序：严格按照从口至肛门的顺序逐个观察消化管。

4. 对于部分如牙、舌、咽等结构的观察，学生两人一组，相互观察。

5. 观察胸腹部体表标志线时，在模型观察的基础上，学生两人一组进行活体触摸。

（二）注意事项

1. 教师应先做示教，后加强巡视，随时指导学生认识解剖结构。

2. 消化管的标本组成比较零散，尤其是口腔部分的相应结构，应注意顺序摆放，以免丢失。

五、思考题

1. 简述食管的狭窄位置及临床意义。

2. 简述十二指肠的位置、分段和结构。

实训 6 消化系统（消化腺）

【实训要点】

（一）肝

1. 识记肝的形态和位置。

2. 识记肝的分叶，了解肝段的概念。

3. 理解肝的主要功能。

4. 识记胆囊的形态、位置、功能及胆囊底的体表投影。

5. 识记输胆管道的组成，胆总管与胰管的汇合和开口部位。了解肝胰壶腹括约肌的构成和作用。

6. 熟悉胆汁产生及排出路径。

（二）胰

1. 识记胰的形态、位置，并了解其临床意义。

2. 理解胰的外分泌和内分泌功能。

一、实训目的

1. 简述肝的形态、位置，输胆管道的组成、形态结构和体表投影；描述肝的分段和Glisson系统。

2. 描述肝外胆道的构成。

3. 简述胰的形态结构、功能及其导管开口。

二、用物准备

肝胰模型、3Dbody解剖系统。

三、辨认结构

（一）肝

肝可分为上、下两面，前、后、左、右4缘。肝的上面又称膈面。肝的下面又称脏面（图6-1）。

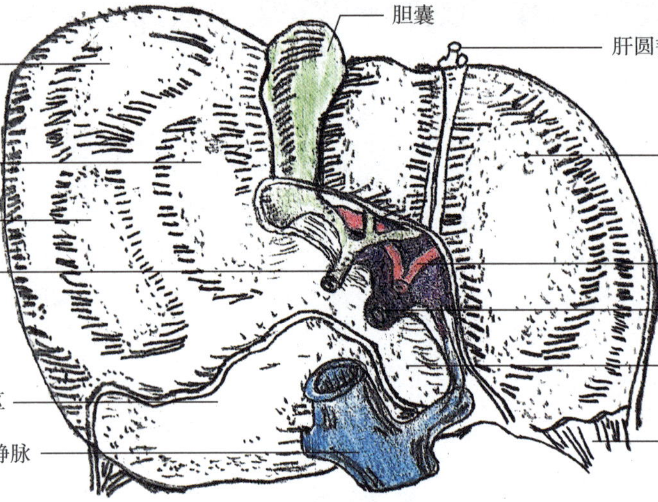

图6-1 肝的脏面

肝裸区：肝的膈面后部，左、右冠状韧带前、后层之间无腹膜被覆的肝区。

肝左纵沟：窄而深，其前部是肝圆韧带，为胎儿时期脐静脉闭锁后的遗迹；后部是静脉韧带，为胎儿时期静脉导管的遗迹。

肝右纵沟：宽而浅，其前部是胆囊窝；后部是腔静脉沟，有下腔静脉通过。

横沟：位于中间部，有肝门静脉左、右支，肝固有动脉左、右支，肝左、右管，以及神经和淋巴管等在此出入，称为肝门。肝的脏面借“H”形的沟分为4叶。右纵沟的右侧为右叶；左纵沟的左侧为左叶；横沟前方的部分为方叶；横沟后方的部分为尾状叶。

胆囊切迹：肝前缘右部凹陷处，胆囊底常于此露出于肝前缘。

肝圆韧带裂：左纵沟窄而深的前部。

肝外胆道（图6-2）：是指将肝细胞分泌的胆汁输送到十二指肠的管道系统。包括胆囊、胆囊管、肝左管、肝右管、肝总管和胆总管。

胆囊底：胆囊的盲端，膨大而钝圆。

胆囊体：与底无明显的界线。

胆囊颈：胆囊体向后逐渐变细，后急转向后下方与胆囊管相延续的部分。

胆囊管：比胆囊颈稍细，长3～4cm，与肝总管汇合。

肝左、右管：由左、右半肝内的小胆管逐渐汇合而成，最后于肝门处出肝。

肝总管：肝门处肝左、右管汇合成肝总管。

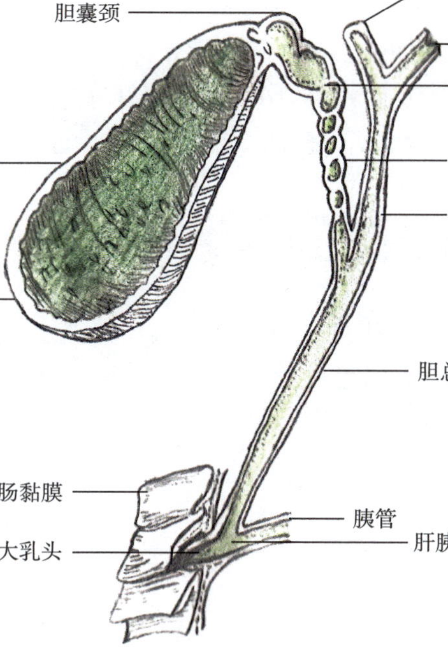

图6-2 胆囊及肝外胆道

胆总管：上端起自肝总管与胆囊管的汇合处，向下斜穿十二指肠降部的后内侧壁，在壁内与胰管汇合处形成肝胰壶腹。

胆囊三角（Calot三角）：由胆囊管、肝总管和肝的脏面围成的三角形区域。

（二）胰

胰头：为胰右端呈梭形膨大的部分，其上、下方和右侧被十二指肠所包绕。

胰颈：横过第1腰椎之前胰体与胰头之间狭窄部分。

胰体：位于胰颈与胰尾之间，占胰的大部分。

胰尾：较细，向左上方抵达脾门。

胰管：位于胰实质内，从胰尾经胰体走向胰头，最后与胆总管汇合成肝胰壶腹，开口于十二指肠大乳头处。

副胰管：胰头上部的一小管，开口于十二指肠小乳头处。

四、观察技巧及注意事项

（一）观察技巧

1. 内脏标本多为游离标本，观察前应先按解剖学姿势摆放好；再结合3Dbody三维立体图形进行各个脏器立体结构的学习。

2. 注意结合整体标本和图谱观察各脏器的相邻位置及结构。

（二）注意事项

1. 教师应先做示教，后加强巡视，随时指导学生认识解剖结构。
2. 肝外胆道的组成、胆总管跟胰管的汇合及开口位置。
3. 肝、胆、胰的标本易损坏，要注意爱护。

五、思考题

1. 简述肝脏的形态和主要结构。
2. 简述胆汁的产生部位及引流路径。

实训 7 呼吸系统

【实训要点】

1. 熟悉上、下呼吸道的概念。
2. 理解外鼻的形态结构。
3. 识记鼻腔的分部及各部的形态结构。
4. 识记鼻旁窦的位置、开口，各窦的形态特点及了解其临床意义。
5. 识记喉的位置及分部。
6. 熟悉喉的软骨和连结。
7. 熟悉喉肌的配布和作用。
8. 识记喉腔的形态结构和分部。
9. 识记气管的位置，并了解其构成。
10. 识记左、右支气管在形态学上的区别及其临床意义。
11. 识记肺的位置、形态和分叶。
12. 理解肺段的概念和意义。
13. 识记壁胸膜的分部和肋膈隐窝的位置，熟悉胸膜的体表投影。

一、实训目的

1. 简述鼻的组成，外鼻的形态结构、鼻腔分部及各部的形态结构。

2. 简述鼻旁窦的名称、开口部位及临床意义；气管的形态及结构特点；肺的位置、形态、分叶和构造特点，壁胸膜和脏胸膜，胸膜腔和胸膜窦。

3. 简述肺段的概念和意义，理解呼吸运动时胸膜和肺的变化。

4. 简述纵隔的定义、内容、范围和划分。

二、用物准备

头颈部正中矢状面标本、肺模型、支气管树模型、透明肺模型、3Dbody解剖系统。

三、辨认结构

（一）呼吸道

上呼吸道为鼻、咽、喉。

上、中、下三个鼻甲（道）：固有鼻腔外侧壁有三个突起，分别是上、中、下三个鼻甲，各鼻甲下方依次为上、中、下三个鼻道。

鼻中隔软骨：构成鼻中隔前部的一块软骨。

蝶筛隐窝：最上鼻甲或上鼻甲后上方的窝，是蝶窦开口部位。

半月裂孔：中鼻道中部凹向上方的弧形裂隙。

鼻黏膜的嗅区：是上鼻甲平面以上和鼻中隔上部的鼻腔顶部黏膜，具有嗅觉功能。

呼吸区：嗅区以外的鼻腔黏膜，有丰富的静脉丛和鼻腺。

上颌窦：位于上颌骨体内，开口于中鼻道。

额窦：位于额骨眉弓深面，额骨内外板之间开口于中鼻道。

蝶窦：位于蝶骨体内，开口于蝶筛隐窝。

筛窦：位于筛骨迷路内，分前、中、后三群，前群和中群开口于中鼻道，后群开口于上鼻道。

喉软骨（图7-1）构成喉的支架，包括单一的甲状软骨、环状软骨、会厌软骨和成对的杓状软骨、楔状软骨、小角软骨等。

甲状软骨：位于舌骨下方，环状软骨上方，构成喉前壁和两侧壁。

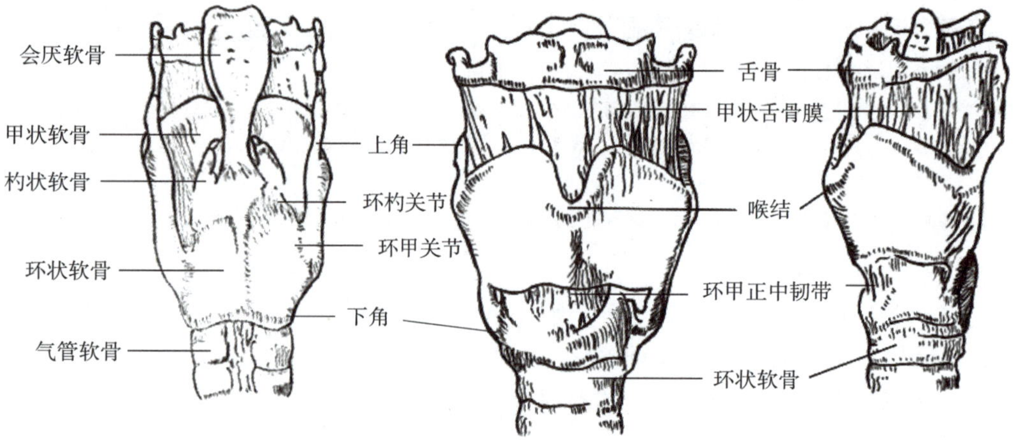

图7-1 喉软骨及其连接

喉结：甲状软骨前缘上端向前方突出处。

环状软骨：位于甲状软骨的下方。

环状软骨弓：环状软骨低窄的前部。

环状软骨板：环状软骨高而宽的后部，呈方形板状。

会厌软骨：形似树叶，位于甲状软骨的后上方。

杓状软骨：位于环状软骨板上方，左、右各一。

声带突：杓状软骨底向前方的突起，有声韧带附着。

肌突：杓状软骨底向外方的突起，有喉肌附着。

甲状舌骨膜：连于甲状软骨上缘与舌骨之间的宽阔薄膜。

环甲关节：由甲状软骨下角与环状软骨两侧的关节面构成。

环杓关节：由杓状软骨底与环状软骨板上缘的关节面构成。

方形膜（前庭韧带）：会厌软骨的两侧缘、甲状软骨前角后面和杓状软骨前内侧缘之间的纤维膜。方形膜的游离下缘，称前庭韧带。

弹性圆锥（声韧带）：又称环甲膜，是连结甲状软骨前角的后面、环状软骨上缘和杓状软骨声带突的圆锥形弹力纤维膜。其游离的上缘称声韧带。前面正中增厚称环甲正中韧带。

环甲肌：起于环状软骨板的后面，止于杓状软骨的肌突。

环杓侧肌：起于环状软骨弓的侧面，止于杓状软骨的肌突。

甲杓肌：起于甲状软骨前角的后面，止于杓状软骨外侧面及声带突。

环杓后肌：起于环状软骨板的后面，止于杓状软骨的肌突。

喉口：喉腔的上口。喉口前界是会厌软骨上缘，两侧界为连于会厌软骨和杓状软骨尖的黏膜皱襞，称杓状会厌襞，后界为两杓状软骨之间的杓间切迹。

前庭襞：喉腔中部两侧壁上一对前后方向的黏膜皱襞。

声襞：喉腔中部两侧壁下一对前后方向的黏膜皱襞。

声门裂：两侧声襞及杓状软骨基底部之间的裂隙。声门裂前3/5为膜间部，后2/5为软骨间部。

喉前庭：喉口至前庭裂平面之间的部分。

喉中间腔：前庭裂平面至声门裂平面之间的部分，向两侧延伸至前庭襞和声襞之间的梭形隐窝，称喉室。

声门下腔：声门裂平面至环状软骨下缘的部分。

气管：为后壁略扁平的圆筒状管道，上端平第6颈椎椎体下缘借韧带与喉相连，向下至胸骨角平面分为左、右主支气管。

支气管：为气管杈至肺门之间的管道。

气管杈：气管向下至胸骨角平面分为左、右主支气管处。

气管隆嵴：在气管杈内面一向上凸出的半月状嵴。

气管软骨环：16～20个“C”形的软骨环。

左主支气管：细、长、倾斜。

右主支气管：粗、短、较直，气管异物进入右主支气管。

（二）肺

肺斜裂：肺表面自后上斜向前下走行的浅槽。

水平裂：右肺表面一条走行方向近水平并与斜裂相交汇的浅沟。

心切迹：左肺前缘下部的一明显弧形凹陷。

左肺小舌：心切迹下方的一小突起。

肺小叶：肺表面许多呈多角形的小区，由直径1mm以下的细支气管连同它的分支和肺泡构成。

脾根：入肺门的主支气管、肺的血管、淋巴管及神经等结构被结缔组织包绕在一起的总称。

肺门：肺内侧面近中央处有一长椭圆形的凹陷。

肺根内结构的排列：

从前向后：上肺静脉、肺动脉、支气管、下肺静脉。

左肺根从上向下：肺动脉、支气管、肺静脉。

右肺根从上向下：上叶支气管、肺动脉、中下叶支气管、肺静脉。

四、观察技巧及注意事项

（一）观察技巧

1. 呼吸系统有些结构比较小，特别是喉，观察时须仔细。
2. 注意结合整体标本和图谱观察各脏器的相邻位置及结构。

（二）注意事项

1. 教师应先做示教，后加强巡视，随时指导学生认识解剖结构。
2. 在观察上、下呼吸道及肺形态结构的同时，理解呼吸道形态特点与其功能的关系。

五、思考题

1. 简述鼻旁窦的位置、开口及临床意义。
2. 简述肺的位置和形态。
3. 试述左、右主支气管的特点及临床意义。

实训 8 泌尿系统

【实训要点】

（一）总论

识记泌尿系统的组成。

（二）肾

1. 识记肾的位置、形态。
2. 识记肾被膜和构造。

（三）输尿管

1. 识记输尿管的形态、位置、行程和分段。
2. 识记女性输尿管盆段的重要毗邻。

（四）膀胱

1. 识记膀胱的位置、形态及分部。
2. 识记膀胱三角的构成、特点和临床意义。

（五）尿道

识记女性尿道的形态结构特点及尿道外口的开口部位。

一、实训目的

1. 简述肾的形态、位置、构造和被膜；描述输尿管的形态、位置和分段，说明其行程、三个狭窄部位及其临床意义。

2. 简述膀胱的形态、位置和分部；简述膀胱三角的位置、特点及其临床意义。

3. 简述女性尿道的形态特点和开口部位。

二、用物准备

男性泌尿系统模型、女性尿道系统模型、男性膀胱放大模型、3Dbody解剖系统。

三、辨认结构

（一）肾（图8-1）

肾门：肾内侧缘中部凹陷处，有肾血管、淋巴管、神经和肾盂出入。

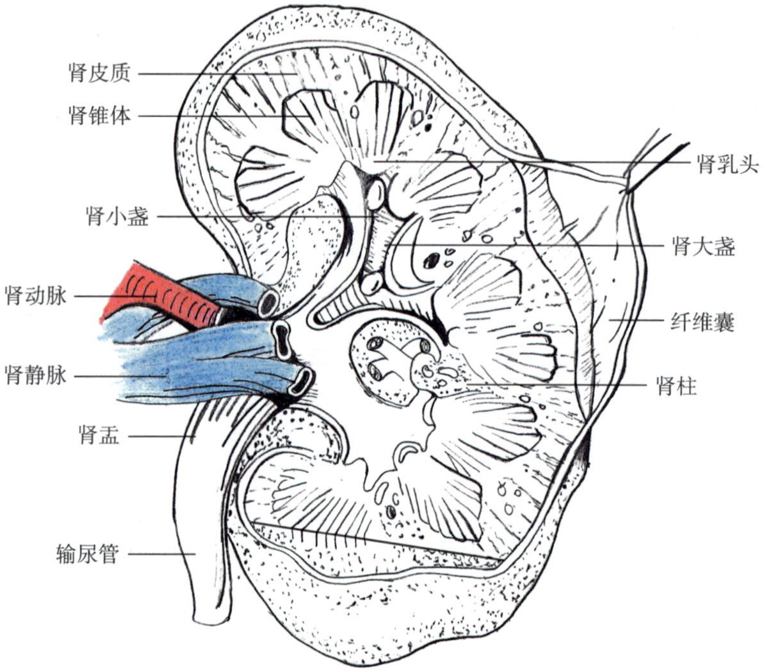

图8-1 肾

肾蒂（肾动脉、肾静脉、肾盂）：是结缔组织包裹出入肾门结构的合称。肾蒂排列关系由前向后依次为肾静脉、肾动脉、肾盂；从上向下依次为肾动脉、肾静脉和肾盂。

肾的被膜有3层，由内向外依次为纤维囊、脂肪囊和肾筋膜。

纤维囊：被覆于肾的表面。

脂肪囊：又称肾床，为纤维囊外面包绕肾和肾上腺的脂肪组织。

肾筋膜：位于脂肪囊的外面，包被肾上腺和肾周围薄的膜样鞘。

肾皮质：主要位于肾实质表层，富含血管，可见密布的红色点状颗粒。

肾髓质：位于肾实质的深层，色淡，由15～20个肾锥体构成。

肾锥体：肾髓质的构成部分，锥体的基底朝向皮质，尖端朝向肾窦。

肾乳头：肾锥体的圆钝尖端，朝向肾窦。

肾柱：肾皮质伸入髓质肾锥体之间的部分。

肾小盏：包绕肾乳头的接尿结构，呈漏斗状，每个肾有7～8个。

肾大盏：2～3个相邻的肾小盏合成的结构。

肾盂：2～3个肾大盏汇合成一个前后扁平、约呈漏斗状的结构。

肾段动脉：在肾内呈节段性分布的肾动脉二级分支。

（二）输尿管

输尿管：肌性管道，约平第2腰椎上缘起自肾盂末端，终于膀胱。长25～30cm，直径为0.3cm，全长分为输尿管腹部、输尿管盆部和输尿管壁内部。

输尿管全程有3处狭窄：①肾盂输尿管移行处；②骨盆上口输尿管跨过髂血管处；③输尿管壁内部。

（三）膀胱

膀胱尖：膀胱朝向前上的顶端。

膀胱底：膀胱朝向后下的呈三角形部位。

膀胱体：膀胱尖与底之间的大部分。

膀胱颈：膀胱的最下部，男性的与前列腺接触，女性的与尿生殖膈接触，内有尿道内口。

膀胱三角：膀胱底内面，两侧输尿管口与尿道内口之间的区域。

输尿管间襞：两输尿管口之间的横行皱襞。

膀胱垂：成年男性膀胱三角前下部，尿道内口后方，因前列腺中叶形成微凸的纵行隆起。

（四）尿道

女性尿道起自尿道内口，穿尿生殖膈，经阴道前方行向前下方，开口于阴道前庭，平均长度为3～5cm，直径0.6cm，女性尿道较男性短、宽、直。男性尿道在男性生殖系统观察。

四、观察技巧及注意事项

（一）观察技巧

1. 为了便于理解泌尿系统各器官的功能，需要在观察模型之前先向学生明确肾的位置、形态、构造等基本信息。

2. 标本及模型无法清楚地显示肾被膜的层次，最好借助3Dbody解剖系统加强理解与学习。

3. 输尿管走行路径长，跨越不同的结构，管径也不均一，应注意思考其狭窄形成的原因。

（二）注意事项

1. 教师应先做示教，后加强巡视，随时指导学生认识解剖结构。
2. 要求爱护教具。
3. 注意区分肾门、肾窦的概念。
4. 肾的形态和内部结构是重点，肾被膜是难点。
5. 膀胱是体积可变的贮存尿液的器官，每个标本大小不一，应注意膀胱黏膜的变化。

五、思考题

1. 简述肾的位置和形态。
2. 简述输尿管的行程、分段及狭窄。

实训 9 生殖系统

【实训要点】

（一）男性生殖系统

1. 掌握睾丸的形态结构和位置。
2. 了解附睾的位置和结构。
3. 掌握精索的位置及构成。
4. 掌握输精管的移动途径和分部，射精管的开口。
5. 了解精囊腺的形态和位置。
6. 掌握前列腺的形态、位置和分叶。
7. 了解尿道球腺的位置和开口。
8. 了解阴囊的位置和形态结构。
9. 掌握阴茎的分部及构成。
10. 了解阴茎海绵体和尿道海绵体的形态和构造。了解阴茎皮肤的特点及临床意义。
11. 掌握男性尿道的分部及各部的形态结构特点；掌握其三个狭窄、三个扩大和两个弯曲的位置和临床意义。

（二）女性生殖系统

1. 掌握卵巢的位置、形态和韧带。
2. 掌握输卵管的位置、形态和分部，以及各部的形态结构。
3. 掌握子宫的位置和姿势、形态、分部及固定装置。
4. 掌握阴道的位置和阴道穹隆的特点。
5. 掌握尿道外口和阴道口的位置关系。

一、实训目的

1. 简述男性生殖系统的组成。
2. 简述精子产生、储存和运输的途径。
3. 复述男性尿道三个狭窄、两个弯曲的位置及其临床意义。
4. 简述女性生殖系统的组成，简述输卵管的分部及各部功能。
5. 简述子宫的位置、形态和结构，固定子宫的装置。
6. 简述卵细胞的产生过程和移动途径。

二、用物准备

男性生殖系统模型、女性生殖系统模型、男性膀胱放大模型、3Dbody解剖系统。

三、辨认结构

（一）男性生殖系统

1. 内生殖器（图9-1）

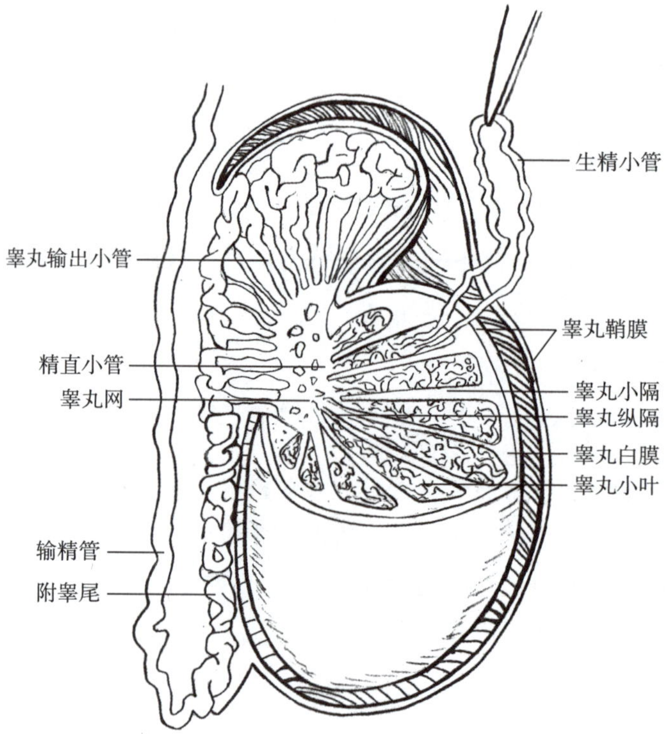

图9-1 男性内生殖器

睾丸：位于阴囊内，左、右各一。

睾丸白膜：睾丸表面的一层坚厚的纤维膜。

睾丸小叶：从睾丸纵隔发出许多呈扇形的睾丸小隔伸入睾丸实质并与白膜相连，将睾丸实质分为100～200个呈锥体形、容纳生精小管的部位。

生精小管（精曲小管）：睾丸小叶内盘曲可产生精子的小管。

精直小管：在睾丸纵隔附近生精小管集中、汇合变直的小管。

附睾：呈新月形，紧贴睾丸的后上部且略偏外侧。

附睾头：上端膨大的部分，由睾丸输出小管弯曲盘绕形成，末端汇合成一条附睾管。

附睾体：占中部大部分，内有附睾管盘曲。

附睾尾：附睾下部变细的部分，向内上弯曲移行为输精管。

输精管：附睾管延续形成的肌性管道，全长约50cm，管壁较厚，管腔狭窄较细。在活体触摸时，呈细的圆索状。根据所在位置可分为4部。

精索：从腹股沟管深环至睾丸上端的一对柔软的圆索状结构。

精囊：位于膀胱底的后方、输精管壶腹的外侧，为一对长椭圆形表面凹凸不平的囊状器官。

输精管壶腹：在膀胱底的后面，由向内侧走行的两侧输精管的膨大形成。

射精管：输精管壶腹末端变细，与精囊的排泄管汇合成射精管，开口于尿道前列腺部。

前列腺：位于膀胱颈与尿生殖膈之间，与精囊和输精管壶腹相邻。

前列腺底：上端宽大的部分，与膀胱颈相邻。

前列腺尖：下端尖细的部分，向下接尿生殖膈。

前列腺体：底与尖之间的部分，后面正中有一纵行浅沟称前列腺沟。

男性尿道：起自膀胱的尿道内口，止于阴茎头的尿道外口，长约16～22cm，管径0.5～0.7cm，具有排尿和排精的功能。

尿道前列腺部：男性尿道在前列腺底穿入前列腺，下行至前列腺尖穿出的部分。

尿道膜部：尿道穿经尿生殖膈的部分，管径较细，为尿道三段中最短部分。

尿道海绵体部：尿道穿经尿道海绵体的部分，长约12～17cm。

男性尿道的三个狭窄、三个膨大、两个弯曲：

①三个狭窄：尿道内口、尿道膜部、尿道外口。

②三个膨大：尿道前列腺部、尿道球部、尿道舟状窝。

③两个弯曲：耻骨下弯在耻骨联合下方，凹面向上，固定不变。

耻骨前弯在耻骨联合前下方，凹面向下，将阴茎头上提，此弯曲消失。

2. 外生殖器

阴囊：呈囊袋状，位于阴茎后下方。

鞘膜腔：睾丸鞘膜脏、壁两层在睾丸后缘处相接续形成的腔，内有少量浆液。

阴茎：附着在耻骨下支和坐骨支上，可分为阴茎根、阴茎体和阴茎头3部分。

阴茎根：阴茎的后端，附着在耻骨下支和坐骨支上。

阴茎体：阴茎圆柱状的中部。悬于耻骨联合的前下方。

阴茎头：阴茎体的前端，有尿道口，是尿液和精液的共同出口。

尿道球：膨大的尿道海绵体后端。

阴茎包皮：包绕阴茎头的双层环形皮肤皱襞。

包皮系带：阴茎头的腹侧中线处，阴茎包皮与尿道外口间的皮肤皱襞。

（二）女性生殖系统

1. 内生殖器（图9-2）

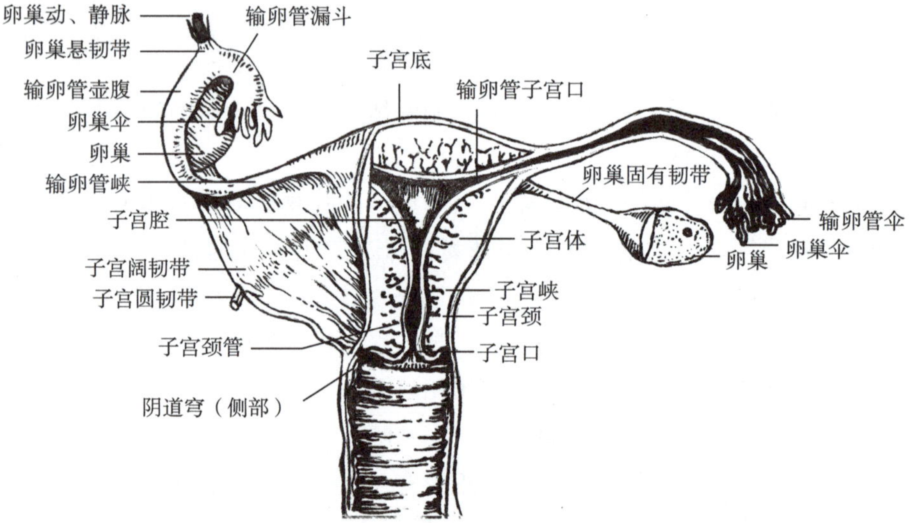

图9-2　女性内生殖器

卵巢：位于盆腔内髂总动脉分叉处的卵巢窝内，为成对的实质性器官。

卵巢悬韧带：起自骨盆上口侧缘，向内下止于卵巢输卵管端的腹膜纵行皱襞。

卵巢固有韧带：又称卵巢子宫索，起自卵巢子宫端，止于子宫底，由结缔组织和平滑肌纤维构成。

输卵管：位于子宫阔韧带的上缘，连于子宫底的两侧，内侧端开口于子宫腔，外侧端开口于腹膜腔。

输卵管子宫部：直径最细，是输卵管穿透子宫壁的一段。

输卵管峡：紧靠子宫壁外面的一段，短而直，壁较厚，腔较窄，向外水平移行接续于壶腹部。

输卵管壶腹：向外接续于输卵管漏斗，长且较为弯曲，约占输卵管全长的2/3，管壁较薄，管腔较大。

输卵管漏斗：输卵管外端的膨大部分，呈漏斗状，向后下弯曲覆盖在卵巢后缘和内侧面。

输卵管伞：输卵管腹腔口周围的许多细长突起。

卵巢伞：盖在卵巢表面的最长的一条输卵管伞。

子宫：腔小壁厚的肌性中空器官，胎儿在此发育成长。

子宫底：输卵管子宫口以上宽而圆凸的部分。

子宫颈：子宫下端狭细的圆柱形部分，成人子宫颈长约2.5cm。

子宫颈阴道部：子宫颈下段1/3突入阴道的部位。

子宫颈阴道上部：阴道以上的部分，占子宫颈上段2/3。

子宫体：子宫底与子宫颈之间的部分。

子宫角：子宫底两侧与输卵管相通处。

子宫峡：子宫颈上部与子宫体相接处较狭细的部分，妊娠末期，可延长至7～11cm，成为产道的一部分。

子宫腔：子宫体内呈前后稍扁上宽下窄的三角形腔。

子宫颈管：子宫颈内呈梭形的腔隙，下口称子宫口。

子宫阔韧带：覆盖在子宫前、后面的腹膜自子宫侧缘向两侧至骨盆壁和盆底的双层腹膜皱襞。

子宫系膜：卵巢系膜下方的子宫阔韧带部分。

输卵管系膜：包裹输卵管、卵巢系膜上方的子宫阔韧带一部分。

卵巢系膜：连于卵巢前缘和子宫阔韧带之间，内有卵巢血管、淋巴、神经等。

子宫圆韧带：起自子宫与输卵管交界处下方，经腹股沟管，止于阴阜和大阴唇的皮下。

子宫主韧带：起自子宫颈两侧，止于盆侧壁。

骶子宫韧带：起自子宫颈后外侧，绕直肠止于第2～3骶骨。

子宫附件：临床上将卵巢和输卵管合称为子宫附件。

阴道：前后略扁、上宽下窄的肌性管道，长8～10cm，下端以阴道口开口于阴道前庭。

阴道口：阴道下部在阴道前庭后部的开口。

处女膜：阴道口周围的环形、半月形、伞状或筛状的黏膜皱襞。

阴道穹隆：阴道的上端与子宫颈下端之间的环形间隙。

2. 外生殖器

阴阜：耻骨联合前方的皮肤隆起，皮下富有脂肪。

大阴唇：一对纵长隆起的皮肤皱襞，起于阴阜止于会阴。

小阴唇：一对较薄的皮肤皱襞，位于大阴唇的内侧。

阴道前庭：两侧小阴唇之间的裂隙，阴道前庭中央有阴道口，阴道口两侧各有一个前庭大腺导管的开口。阴道前庭的前部有较小的尿道外口。

四、观察技巧及注意事项

（一）观察技巧

1. 理解男性和女性泌尿生殖系统的结构与功能是不可分割的整体；通过对男性和女性生殖器官的结构观察，进一步理解男性和女性不孕不育的解剖学基础。

2. 男性生殖系统结构多而小，观察时应首先明确它们的各自位置；然后分步骤观察这些结构的形态，并且应围绕精子的输送途径来理解男性生殖系统结构的形态特点。

3. 女性生殖系统因具有孕育胎儿的功能，观察时须注意结合卵子的排放途径、受精和着床的部位理解。

4. 子宫的固定装置的位置及作用，尤其是骶子宫韧带、子宫主韧带在正中矢状面上的观察和理解。

（二）注意事项

1. 教师应先做示教，后加强巡视，随时指导学生认识解剖结构。
2. 要求爱护教具。
3. 注意通过观察模型明确男性和女性尿道的区别。

五、思考题

1. 试述精子的产生及排出途径。
2. 试述男性尿道分为几部分，有哪些狭窄、膨大和弯曲。
3. 试述子宫位于何处，正常位置如何，靠哪些结构来维持子宫的正常位置。
4. 试述输卵管位于何处，分几部，卵子受精和输卵管结扎的部位各在何处。
5. 试述卵巢位于何处，有哪些固定装置。

实训10 心血管系统（心脏）

【实训要点】

（一）总论

1. 掌握心血管系统的组成。
2. 了解动脉、静脉和毛细血管的形态结构、分布及功能特点。
3. 掌握体循环和肺循环的途径及其意义。
4. 了解血管的吻合、侧副管和侧支循环的概念及其意义。

（二）心脏

1. 掌握心脏的位置与外形。
2. 掌握心脏各腔的形态结构。
3. 掌握房间隔与室间隔的形态结构。
4. 熟悉卵圆窝、动脉韧带的位置与形态，以及未闭合的临床意义。
5. 掌握心脏传导系统的组成、位置和功能。
6. 掌握左、右冠状动脉的起始、行径、主要分支及分布。
7. 掌握冠状窦的位置及其主要属支，了解心脏的静脉回流途径。
8. 掌握心包的构成，心包横窦和心包斜窦的位置及临床意义。

一、实训目的

1. 简述心脏的位置、外形、毗邻、心内各腔的形态结构。
2. 简述心壁构造及保证血液在心腔内定向流动的结构。
3. 简述心脏传导系统的组成、位置及其功能。
4. 简述心脏的动脉来源及静脉回流概况。
5. 简述心包、心包窦的名称、位置及临床意义。

二、用物准备

心脏放大模型、3Dbody解剖系统。

三、辨认结构

心的外形和血管见图10-1。

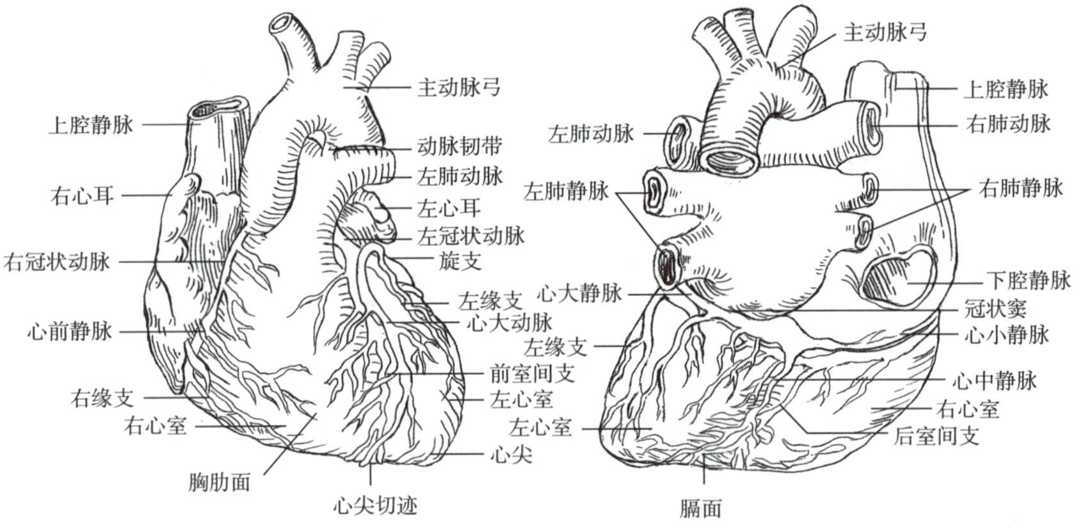

图10-1 心的外形和血管

心：位于胸腔中纵隔内，外裹心包，约2/3位于正中线的左侧，1/3位于正中线的右侧。

心尖：圆钝、游离，由左心室构成，朝向左前下方。

心底：大部分由左心房、小部分由右心房构成，朝向右后上方。

胸肋面（前面）：朝向前上方，大部分由右心房和右心室构成，小部分由左心耳和左心室构成。

膈面（下面）：略朝向后下，贴于膈肌，大部分由左心室、小部分由右心室构成。

下缘（锐缘）：介于膈面与胸肋面之间，近水平位，由右心室和心尖构成。

左缘（钝缘）：圆钝，斜向左下，大部分由左心室构成，小部分由左心耳构成。

右缘：较垂直，由右心房构成。

心尖切迹：前室间沟、后室间沟在心尖右侧的汇合稍凹陷处。

冠状沟：又称房室沟，额状位上心房与心室的分界标志，内有冠状动脉主干。

前室间沟：位于心室的胸肋面，自冠状沟向下达心尖的右侧。

后室间沟：位于心室的膈面，自冠状沟向下达心尖的右侧。

后房间沟：心底部，右心房与右上、下肺静脉交界处的浅沟。

房室交点：房间沟、后室间沟与冠状沟的交界处。

右心房：位于心的右上部，构成心的右缘。

界沟：上、下腔静脉口前缘间，纵行于右心房表面的浅沟，为固有心房与腔静脉窦表面的分界。

界嵴：与界沟相对应的心内面一纵行肌隆起，向下与下腔静脉瓣相延续。

下腔静脉口前缘有下腔静脉瓣（Eustachian瓣）。胎儿时期，此瓣有引导下腔静脉血经卵圆孔流入左心房的作用。出生后下腔静脉瓣逐渐退化，只留有一瓣膜残痕。

右心耳：右心房向前方的耳状突出，并遮盖升主动脉的右侧。

梳状肌：固有心房内面许多大致平行排列的肌束。

右房室口：在左前下方通向右心室。

右心房腔静脉窦上、下方分别有上腔静脉口和下腔静脉口。

冠状窦口：下腔静脉口与右房室口之间的开口。

卵圆窝：房间隔右侧面中下部有一卵圆形凹陷。

Todaro腱：下腔静脉口前方心内膜下可触摸到的一个腱性结构，它向前经房间隔附着于右纤维三角，向后与下腔静脉瓣相延续。

Koch三角：右心房冠状窦口前内缘、三尖瓣隔侧尖附着缘和Todaro腱之间的三角区。

右心室：位于右心房的前下方，是最靠前的心腔。

室上嵴：位于右房室口与动脉圆锥之间的肌隆起，为流入道与流出道的分界标志。

右室流入道：也称窦部，入口是右房室口，有三尖瓣（前、后、隔侧尖），其基底部附于三尖瓣环，边缘有腱索。

动脉圆锥：也称右心室流出道，位于窦部左上方，室壁光滑无肉柱。出口为肺动脉口，有三个肺动脉瓣。

乳头肌：基底附着于心室壁，尖端游离并突入心室腔的锥状肌隆起。

前乳头肌：1～5个，位于右心室前壁中下部，通过腱索连于三尖瓣前、后尖。

后乳头肌：较小，2～3个，位于下壁，通过腱索连于三尖瓣后尖。

隔侧乳头肌：更小，数目较多，通过腱索多连于隔侧尖。

肉柱：流入道的心室壁许多纵横交错的肌性隆起。

隔缘肉柱：又称节制索，自室间隔连于前乳头肌基底部的肌束。

三尖瓣复合体：结构与功能密切相关的三尖瓣环、三尖瓣、腱索、乳头肌。

肺动脉口周缘为肺动脉瓣环，由3个半环形彼此相连的纤维结缔组织构成的环，环上附3个袋状的肺动脉瓣。

肺动脉窦：肺动脉瓣与肺动脉壁之间的袋状间隙。

左心房：位于右心房的左后方，构成心底的大部，是心腔中最靠后方的一个。

左心耳：左心房突向左前方的部分。

左房室口：左心房前下方的出口，通向左心室。

左心室：位于右心室的左后方。

左心室流入道：又称左心室窦部，位于二尖瓣前尖的左后方。

二尖瓣：两片略呈三角形的瓣膜，前尖介于左房室口与主动脉口之间；后尖位于后外侧。

主动脉前庭：左心室流出道，位于左心室的前内侧部，壁光滑，无肉柱，缺乏伸展性和收缩性。

二尖瓣复合体：由功能结构密切相关的二尖瓣环、二尖瓣、腱索、乳头肌构成。

前乳头肌：1～5个，位于左心室前外侧壁的中部，发出腱索连于二尖瓣前、后尖的外侧半和前外侧连合。

后乳头肌：位于左心室后壁的内侧部，以腱索连于两瓣尖的内侧半和后内侧连合。

主动脉口：左心室流出道的出口，位于左房室口的右前方，口周围有主动脉瓣环。

主动脉瓣：主动脉瓣环上附着的半月形瓣膜，排列在主动脉口的左、右、后方。

主动脉窦：主动脉瓣膜与相对应的主动脉壁之间形成的袋状间隙。

主动脉窦分为左、右、后3个，通常根据有无冠状动脉的开口将主动脉窦命名为左冠状动脉窦、右冠状动脉窦和无冠状动脉窦。

心纤维结缔组织支架：也称心骨骼，心肌和瓣膜附着处的坚韧而富有弹性的纤维支架结构。包括2个纤维三角，4个瓣环（肺动脉瓣环、主动脉瓣环、二尖瓣环和三尖瓣环）及室间隔膜部等。

右纤维三角：位于二尖瓣环、三尖瓣环和主动脉后瓣环之间，略呈三角形或前宽后窄的楔形。

左纤维三角：位于主动脉左瓣环与二尖瓣环之间。

室间隔膜部：室间隔后上部的不规则膜性部分。

心壁：主要由心内膜、心肌层和心外膜构成。

心内膜：位于心房与心室内面并与大血管内膜相延续，可形成心瓣膜。

心肌（心室肌）：外层斜行、中层环行、内层纵行（形成肉柱、乳头肌）。

心外膜：即浆膜性心包。

房间隔：由两层心内膜间夹结缔组织和少量心肌组成，卵圆窝处最薄。

室间隔：位于左、右心室之间，分为膜部和肌部。

心脏传导系统（图10-2）：由特殊分化的心肌细胞构成。

窦房结：心脏的正常起搏点，位于上腔静脉与右心房交界处、界沟上1/3的心外膜深面，肉眼不易辨认。

结间束：目前尚无充分的形态学证据证明有结间束的存在。

房室交界区：又称房室结区，由房室结、房室结的心房扩展部和房室束的近侧部组成。

房室结：位于房间隔右心房侧下部Koch三角尖端的心内膜深面。

房室束：又称His束，穿右纤维三角，沿室间隔膜部后下缘前行。

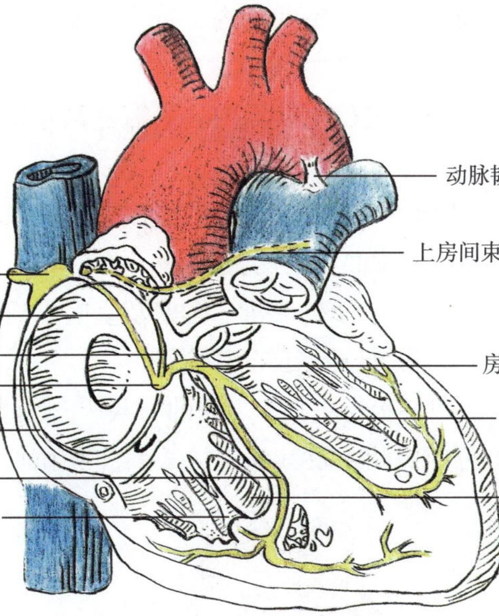

图10-2　心脏传导系统

左束支：发自房室束分叉部，呈瀑布状，行于室间隔左侧心内膜下。

右束支：细长圆索状，自室间隔膜部、沿室间隔右侧面前行，经隔缘肉柱、前乳头肌根部到达右心室前壁。

浦肯野纤维网：在心内膜下交织成网进入心肌。

供应心脏的动脉是冠状动脉（图 10-3），包括左、右冠状动脉，主要供应心肌和传导系统。

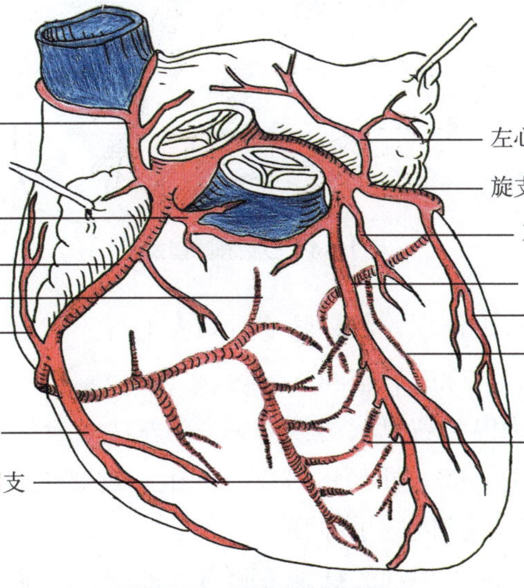

图10-3　冠状动脉模式图

左冠状动脉：起于主动脉的左冠状动脉窦，向左走行于肺动脉干和左心耳之间，沿冠状沟左行并分支。

前室间支：又称前降支，行于前室间沟内，分布于左心室前壁、右心室部分前壁、室间隔前2/3处。

旋支：又称左旋支，走行于左侧冠状沟内，沿冠状沟左行，绕心左缘分布于左心室膈面。

右冠状动脉：起于主动脉的右冠状动脉窦，经右心耳与肺动脉根部间入冠状沟右行，至房室交点形成倒“U”形弯曲分为两支。

后室间支：沿后室间沟下行，分布于两室后壁及室间隔后1/3处。

右缘支：沿心下缘左行，分布至附近心室壁。

冠状窦：位于心膈面，左心房与左心室之间的冠状沟内，以冠状窦口开口于右心房。

心脏静脉（图10-4）包括冠状窦及其属支、心前静脉和心最小静脉等。

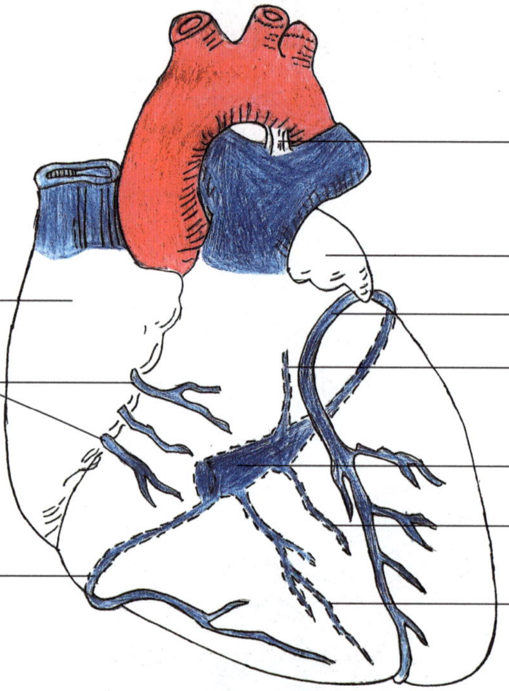

图10-4　心脏静脉模式图

心大静脉：前室间沟内伴左冠状动脉前室间支上行。

心中静脉：伴右冠状动脉的后室间支上行。

心小静脉：在冠状沟内与右冠状动脉伴行，向左注入冠状窦右端。

心前静脉：起于右室前壁，可有1～4支，向上越过冠状沟注入右心房。

心最小静脉：是位于心壁内的小静脉。

心包：为包裹心和大血管根部的纤维浆膜囊，外层是纤维心包，内层为浆膜心包。

纤维心包：为坚韧的结缔组织囊，与大血管外膜相移行。

浆膜心包：为贴附于心肌、大血管根部表面及纤维心包内面的浆膜。脏层紧贴于心肌表面和大血管根部，又称心外膜；壁层贴附于纤维心包的内面。

心包腔：浆膜心包脏、壁两层于大血管根部相互转折移行，两层之间形成潜在性的腔隙。

心包横窦：位于升主动脉、肺动脉干后方与上腔静脉、左心房前壁之间的间隙。

心包斜窦：位于左心房后壁，左肺上、下静脉，右肺上、下静脉，下腔静脉与心包后壁之间的间隙。

心包前下窦：位于心包腔前下部，为心包前壁与下壁相移行处形成的间隙。

四、观察技巧及注意事项

（一）观察技巧

1. 脉管系统主要由相互连通的管道组成，请结合挂图和数字设备明确血液在血管内的流动途径。

2. 观察心脏必须先摆放好标准的解剖学位置，先观察其外形，然后循着血液流动的方向按照右心房、右心室、左心房和左心室的顺序详细检查其内部结构特点，观察的时候注意各个心腔流入口和流出口的结构，明确血液单向性流动的装置。

3. 应仔细辨认心脏的动、静脉及其分支，判断其血液供应的范围。

（二）注意事项

1. 教师应先做示教，后加强巡视，随时指导学生认识解剖结构。
2. 注意区别动脉和静脉管道的特性。
3. 心脏传导系统的结构无法在标本上观察到，需要借助模型和挂图进行学习。
4. 在观察心脏外形的同时，注意心脏的体表投影。
5. 对心腔内结构进行观察，从而理解其功能。

五、思考题

1. 心房和心室及左、右心室表面分界标志是什么？标志内分别有哪些重要结构？
2. 简述体循环和肺循环的循环途径（包括心腔内结构和途经器官）。
3. 简述心脏传导系统的组成。
4. 简述左冠状动脉的起点、分支及分布范围。

实训11 心血管系统（动脉、静脉）、淋巴系统

【实训要点】

（一）动脉

1. 掌握主动脉升部的起止和分支名称。

2. 掌握主动脉弓的起止和分支名称。

3. 掌握左、右颈总动脉的起止部位，颈动脉窦和颈动脉小球的位置与功能，颈外动脉主要分支的名称和分布。

4. 掌握锁骨下动脉、腋动脉、桡动脉、尺动脉的起止，掌浅弓、掌深弓的组成。了解锁骨下动脉、腋动脉主要分支的名称。

5. 掌握胸主动脉的起止，了解其分支、分布概况。

6. 掌握腹主动脉的起止、分支名称，腹腔干的分支、分布，肠系膜上、下动脉的分支、分布，肾动脉、睾丸动脉或卵巢动脉的分布。

7. 掌握髂总动脉的起止、位置。了解子宫动脉走行和分布。

8. 掌握髂外动脉、股动脉、腘动脉、胫前动脉、胫后动脉、足背动脉的起止，了解各动脉的分布概况，足底动脉弓的组成，股动脉的体表投影。

9. 了解头、颈、上下肢的动脉搏动点及常用的压迫止血点。

（二）静脉

1. 掌握上腔静脉的组成、起止及收纳范围。

2. 掌握颈内静脉的起止、主要属支。

3. 掌握颈外静脉的位置。

4. 掌握头静脉、贵要静脉的起止，肘正中静脉的位置。

5. 了解奇静脉的起止、收纳范围。

6. 掌握下腔静脉系统的组成、主要属支及收纳范围。

7. 掌握大、小隐静脉的起始、行径及注入部位。

8. 掌握门静脉的组成、分支和属支。

9. 掌握门静脉系统与上、下腔静脉系统间的交通部位及途径。

（三）淋巴系统

1. 掌握淋巴系统的功能意义。

2. 掌握淋巴系统的结构和配布特点，以及影响淋巴回流的因素。

3. 掌握全身9条淋巴干的名称、来源及收纳范围。

4. 掌握右淋巴导管与胸导管的合成、走行及引流范围。

5. 掌握下颌下淋巴结、颈外侧浅淋巴结和颈外侧深淋巴结的位置及引流范围。

6. 掌握腰淋巴结、腹腔淋巴结、肠系膜上淋巴结及肠系膜下淋巴结的位置及引流范围。

7. 掌握腹股沟浅淋巴结的位置及收纳范围。

8. 掌握腋淋巴结的位置、分群及引流范围。

9. 掌握脾的形态、位置。

10. 掌握胸腺的形态、位置。

一、实训目的

1. 简述主动脉的分段及其主要分支。

2. 简述颈总动脉、颈外动脉的分支及分布。

3. 简述上、下肢动脉的来源、行径、主要分支及分布。

4. 简述腹主动脉的分支及分布。

5. 简述盆部动脉的来源、主要分支及分布。

6. 简述上腔静脉的组成、起止、行径；头臂静脉、静脉角的构成（颈内静脉、锁骨下静脉的起止和属支）；头静脉、贵要静脉、肘正中静脉的起始、行径及注入部位。简述奇静脉的起止，半奇静脉、副半奇静脉的起止；知道椎静脉丛的位置、交通和结构特点。

7. 简述下腔静脉、髂总静脉、髂内静脉、髂外静脉的起止与行径；肾静脉、睾丸（卵巢）静脉注入及特点。简述大隐静脉、小隐静脉的起始、行径及注入部位。简述肝门静脉的组成、属支和主要收纳范围，肝静脉的汇入部位。

8. 知道下腔静脉和髂外静脉及属支；盆腔各静脉丛的位置；下肢浅、深静脉的交通支。

9. 简述胸导管、右淋巴导管的起止、行径、收集范围（属支）。简述9条淋巴干的起始淋巴结，汇入的管或结；理解淋巴器官、淋巴组织；知道头、颈、上肢、胸、腹、盆和下肢的局部淋巴结群。

10. 简述脾的位置、形态。

二、用物准备

全身动、静脉模型、3Dbody解剖系统。

三、辨认结构

全身动脉分布见图11-1。

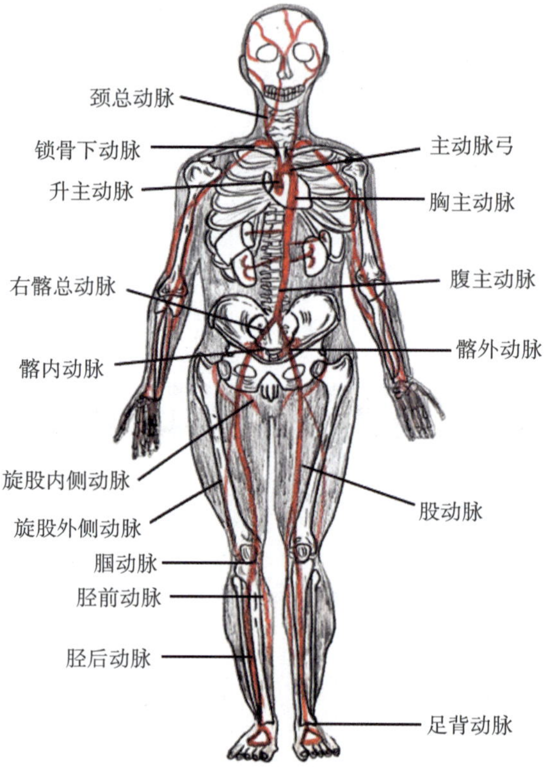

图11-1 全身动脉分布示意图

（一）动脉

肺动脉干：于升主动脉根部的前方，起始于右心室，至主动脉弓的下方，分为左、右肺动脉。

左肺动脉：较短，横行向左至左肺门，分两支入左肺。

右肺动脉：较长，经主动脉和上腔静脉后方至右肺门分为三支入右肺。

动脉韧带：连于主动脉弓下缘与肺动脉干分叉处稍左侧的纤维性结缔组织索（胚胎时期动脉导管闭索的遗迹）。

主动脉可分为升主动脉、主动脉弓和降主动脉。其中降主动脉又以膈的主动脉裂孔为界，分为胸主动脉和腹主动脉。

升主动脉：起自左心室，斜向右上前方，至右侧第2胸肋关节处移行主动脉弓。

主动脉弓：呈弓形弯向左后至第4胸椎下缘左侧移行为降主动脉。

胸主动脉：沿脊柱左前方下行，达第12胸椎高度穿膈的主动脉裂孔，移行为腹主动脉。

腹主动脉：沿腹部脊柱左前方下行至第4腰椎下缘分为左、右髂总动脉。

主动脉弓的凸侧自右向左依次发出3大分支，即头臂干、左颈总动脉和左锁骨下动脉。

颈总动脉：头颈部的主要动脉主干。左颈总动脉起自主动脉弓，右颈总动脉起自头臂干，经胸锁关节后方，沿食管、气管和喉外侧上行，平甲状软骨上缘分颈内、外动脉。

颈动脉窦：颈总动脉末端和颈内动脉起始部的膨大部分，为压力感受器。

颈动脉小球：连于颈内、外动脉分叉处后方的扁椭圆形小体，为化学感受器。

颈外动脉：自颈总动脉分出，初位于颈内动脉前内侧，经其前方转至外侧，上行穿腮腺至下颌颈处分为颞浅动脉和上颌动脉。

甲状腺上动脉：起自颈外动脉的起始部，向前下走行达甲状腺侧叶上端。

舌动脉：平对舌骨大角起自颈外动脉，经舌骨舌肌深面进入舌内。

面动脉：自舌动脉稍上方，经下颌下腺深面，绕下颌骨下缘咬肌前缘至面部，沿口角鼻翼外侧上行易名内眦动脉。

颞浅动脉：耳屏前方经颧弓根部浅面至颞部皮下。

上颌动脉：平下颌颈深面入颞下窝，在翼外肌浅（深）面入翼腭窝。

脑膜中动脉：上颌动脉的主要分支，向上穿棘孔入颅腔。

颈内动脉：平甲状软骨上缘自颈总动脉分出，垂直上行穿颈动脉管入颅，在颈部无分支。

锁骨下动脉：右侧起自头臂干，左侧起于主动脉弓，弓形向外经胸膜顶前方，穿斜角肌间隙，至第1肋外缘延续为腋动脉。

椎动脉：在前斜角肌内侧起始，向上穿第6～1颈椎横突孔，经枕骨大孔入颅腔。

胸廓内动脉：向下入胸腔，沿第1～6肋软骨后面下降。

甲状颈干：为一短干，在椎动脉的外侧起始，即刻分为甲状腺下动脉、肩胛上动脉等分支。

腋动脉：在第1肋外缘由锁骨下动脉延续而来，经腋窝至大圆肌下缘移行为肱动脉。

胸肩峰动脉：穿锁胸筋膜，分支分布于三角肌、胸大肌、胸小肌和肩关节。

胸外侧动脉：在胸侧壁沿胸小肌下缘走行。

肩胛下动脉：发出后向后下方走行，分为胸背动脉和旋肩胛动脉。前者至背阔肌和前锯肌；后者穿三边孔至冈下窝。

旋肱后动脉：较旋肱前动脉粗大，伴腋神经穿四边孔，绕肱骨外科颈的后外侧至三角肌和肩关节等。

胸上动脉：分布于第1、第2肋间隙。

旋肱前动脉：经喙肱肌、肱二头肌短头与肱骨外科颈之间，与旋肱后动脉吻合。

肱动脉：续于腋动脉，在肱二头肌内侧下行至肘窝，平桡骨颈高度，分为桡动脉和尺动脉。

肱深动脉：肱动脉的最主要分支，斜向后外方，伴桡神经绕桡神经沟下行。

桡动脉：先经肱桡肌和旋前圆肌之间，继而在肱桡肌肌腱和桡侧腕屈肌肌腱之间下行，绕桡骨茎突至手背，穿第1掌骨间隙至手掌。

掌浅支：在桡腕关节处发出，下行至手掌与尺动脉末端吻合形成掌浅弓。

拇主要动脉：在掌侧深部发出3分支至食指和拇指。

尺动脉：在尺侧腕屈肌与指浅屈肌之间下行，经豌豆骨桡侧至手掌。

骨间总动脉：于肘窝处发出，行至前臂骨间膜的上端分为骨间前和骨间后动脉。

掌深支：在豌豆骨远侧由尺动脉发出，穿小鱼际与桡动脉的末端吻合成掌深弓。

掌浅弓：由尺动脉末端与桡动脉掌浅支吻合而成。弓的凸侧发出3条指掌侧总动脉和1条小指尺掌侧动脉。

掌深弓：由桡动脉末端和尺动脉的掌深支吻合而成。由弓的凸侧发出3条掌心动脉。

肋间后动脉：9对胸主动脉的壁支，分布于第3肋间隙以下，行于相应肋间隙的肋沟内。

肋下动脉：沿第12肋下缘走行。

腹腔干（图11-2）：为一粗短动脉干，于主动脉裂孔的稍下方自腹主动脉前壁发出，随即分为3支，即胃左动脉、脾动脉和肝总动脉。

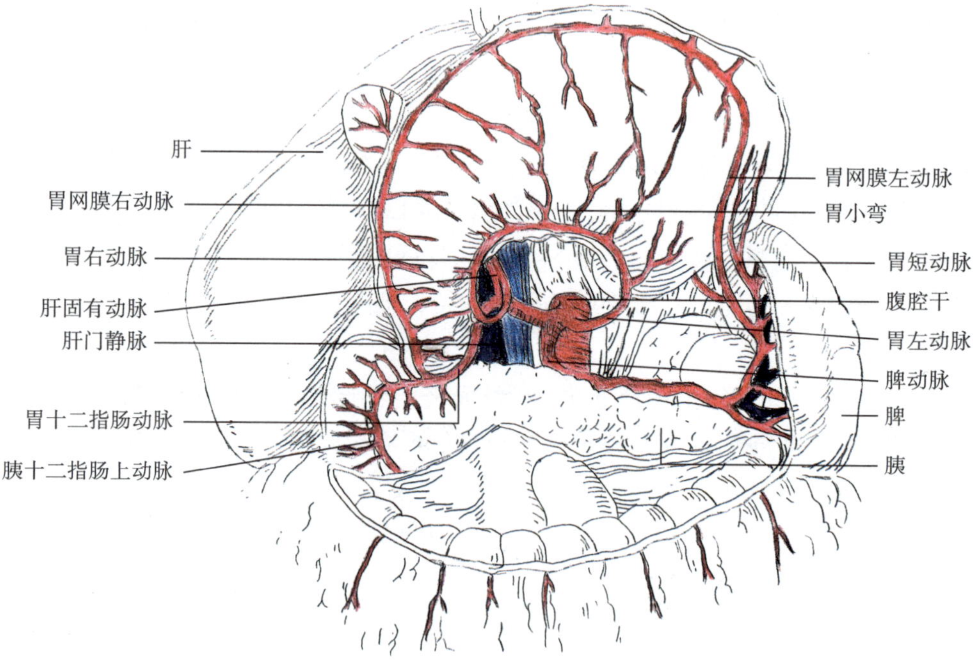

图11-2 腹腔干及其分支

胃左动脉：发出后向左上方走行至胃贲门附近，再沿胃小弯向右行于小网膜两层之间。

肝总动脉：向右走行至十二指肠上部的上缘进入肝十二指肠韧带。

肝固有动脉：在肝门静脉前方、胆总管左侧上行于肝十二指肠韧带内。

胃右动脉：肝固有动脉发出，在小网膜内下行至幽门上缘，继而左行与胃左动脉吻合。

胆囊动脉：肝固有动脉的右支在入肝门之前发出分支分布于胆囊。

胃十二指肠动脉：经十二指肠上部后方下行至幽门下缘水平，分为胃网膜右动脉和胰十二指肠上动脉。

胃网膜右动脉：沿胃大弯向左走行，与胃网膜左动脉吻合。

脾动脉：较粗，沿胰上缘左行至脾门，分数条脾支入脾。

胃短动脉：在脾门附近脾动脉发出的3～5条分支，经胃脾韧带分布于胃底。

胃网膜左动脉：沿胃大弯向右行，末端与胃网膜右动脉吻合。

胃后动脉：1～2条，行于网膜囊后壁腹膜的后面至胃底。

肠系膜上动脉：在腹腔干根部的稍下方，平第1腰椎的高度起自腹主动脉前壁，经十二指肠水平部的前方进入小肠系膜根内。

空肠动脉和回肠动脉：13～18支，发自肠系膜上动脉左侧壁，行于肠系膜内，反复分支并吻合形成多级动脉弓，分布于空肠和回肠。

阑尾动脉：经回肠末端的后方进入阑尾系膜。

中结肠动脉：胰下缘附近起于肠系膜上动脉，向前进入横结肠系膜。

右结肠动脉：发自肠系膜上动脉的右侧壁，向右行，分升、降支与中结肠动脉和回结肠动脉的分支吻合。

肠系膜下动脉：约平第3腰椎高度起自腹主动脉前壁，行向左下方，分支分布于结肠左曲、降结肠、乙状结肠和直肠上部。

左结肠动脉：横行向左，至降结肠附近分升、降支，分别与中结肠动脉和乙状结肠动脉的分支吻合。

乙状结肠动脉：2～3支，斜向左下方进入乙状结肠系膜内。

直肠上动脉：肠系膜下动脉的直接延续，至第3骶椎处分为两支，沿直肠两侧分布于直肠。

肾上腺中动脉：平第1腰椎高度，起自腹主动脉两侧壁，向外走行，分别至左、右肾上腺。

肾动脉：平对第1～2腰椎高度，起自腹主动脉的侧壁，经肾静脉的后面到达肾门入肾。

睾丸动脉：细而长，在肾动脉起始处稍下方由腹主动脉前壁发出沿腰大肌前面斜向外下方，然后穿入腹股沟管。在女性则为卵巢动脉，经卵巢悬韧带下行入盆腔。

腰动脉：共有4对，起自腹主动脉后壁，向外侧进入腰大肌的深面。

髂内动脉：短的动脉主干，沿骨盆侧壁下行，分出壁支和脏支。

膀胱下动脉：向前内侧行，分布于膀胱底、精囊、前列腺、输尿管下段等。

直肠下动脉：为细小分支，分布于直肠下部。

子宫动脉：沿骨盆腔侧壁下行，进入子宫阔韧带底部双层腹膜之间，位于距子宫颈外侧约2cm处跨过输尿管的前上方，再沿子宫颈外侧迂曲上行。

阴部内动脉：穿梨状肌下孔出盆腔，经坐骨小孔至坐骨直肠窝。发出肛动脉、会阴动脉、阴茎（蒂）背动脉等分支，分布于肛门、会阴和外生殖器。

闭孔动脉：与闭孔神经伴行穿闭膜管至大腿内收肌群之间。

臀上动脉和臀下动脉：分别经梨状肌上、下孔出骨盆，至臀部、臀大肌深面。

髂外动脉：沿腰大肌内侧缘下降，经腹股沟韧带的深面进入股三角，移行为股动脉。

壁下动脉：髂外动脉在穿越腹股沟韧带之前发出的一分支，向内上斜行入腹直肌鞘内，并与腹壁上动脉吻合。

旋髂深动脉：平腹壁下动脉起点自髂外动脉发出，沿腹股沟韧带深面外行，至髂嵴内面转向后。

股动脉（图11-3）：由髂外动脉延续而来，在股三角内下行，经收肌管，出收肌腱裂孔至腘窝，移行为腘动脉。

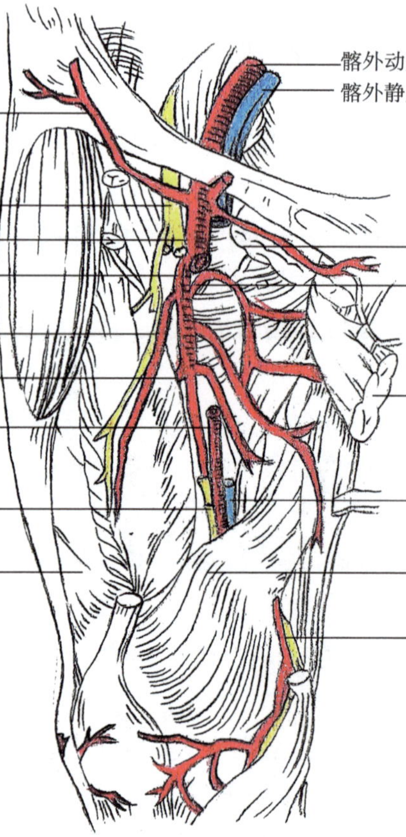

图11-3 股动脉及其分支

股深动脉：在腹股沟韧带下方3～4cm处发自股动脉，向后内下方经股内侧肌与收肌群之间，末端位于长收肌与大收肌之间。

旋股内侧动脉：由股深动脉或股动脉发出，至耻骨肌与髂腰肌之间，然后于短收肌和闭孔外肌之间分支。

旋股外侧动脉：由股深动脉或股动脉发出，向外穿股神经的分支，在缝匠肌、股直肌与髂腰肌之间分支分布。

穿动脉：一般为3条，从短收肌上缘、前面和下缘穿短收肌，再穿大收肌和长收肌或各肌之间至股后肌群及股骨。

腘动脉：位于腘窝深部，下行至腘肌下缘，分为胫前动脉和胫后动脉。

胫后动脉：沿小腿后面浅、深层屈肌之间下行，经内踝后方足底，分为足底内侧动脉和足底外侧动脉。

腓动脉：由胫后动脉上部发出，沿腓骨内侧下行。

胫前动脉：自腘动脉分出后，沿小腿前群肌之间下行，至踝关节的前方，在小腿伸肌下支持带下缘移行为足背动脉。

足背动脉：胫前动脉的直接延续，经𧿹长伸肌肌腱和趾长伸肌肌腱之间前行，至第1跖骨间隙近侧，分为第1跖背动脉和足底深支两支终支。

（二）静脉

静脉：运送血液向心脏流动的血管。

肺静脉：将肺内含氧较多的动脉血输送入左心房，左右成对，分别称为左上、左下肺静脉和右上、右下肺静脉。起自肺门，注入左心房后部的两侧。

上腔静脉：在右侧第1胸肋连结的后方，由左、右头臂静脉合成，沿升主动脉右侧下行，至右侧第3胸肋关节下缘注入右心房。

颈内静脉：于颈静脉孔处续于乙状窦，在颈动脉鞘内下行于颈内动脉和颈总动脉的外侧，至胸锁关节的后方于锁骨下静脉汇合。

面静脉：起自内眦静脉，在面动脉的后方下行，在下颌角下方跨过颈内、外动脉表面注入颈内静脉。

颞浅静脉：与颞浅动脉相伴行，主要收集颅顶软组织的静脉血。

下颌后静脉：由颞浅静脉和上颌静脉在腮腺内汇合而成，下行至腮腺下端分为前、后两支，前支汇入面静脉，后支续为颈外静脉。

颈外静脉：沿胸锁乳突肌表面下行至该肌后缘，在锁骨中点上方穿深筋膜，注入锁骨下静脉或静脉角。

颈前静脉：沿颈前正中线两侧下行，穿过深筋膜，注入颈外静脉末端或锁骨下静脉。

头臂静脉：又称无名静脉，由同侧颈内静脉和锁骨下静脉在胸锁关节后方汇合而成。汇合处的夹角称静脉角，是淋巴导管注入静脉的部位。

锁骨下静脉：位于颈根部，腋动脉的前下方。

腋静脉：位于腋动脉的前内侧。

上肢浅静脉（图11-4）主要有头静脉、肘正中静脉和贵要静脉。

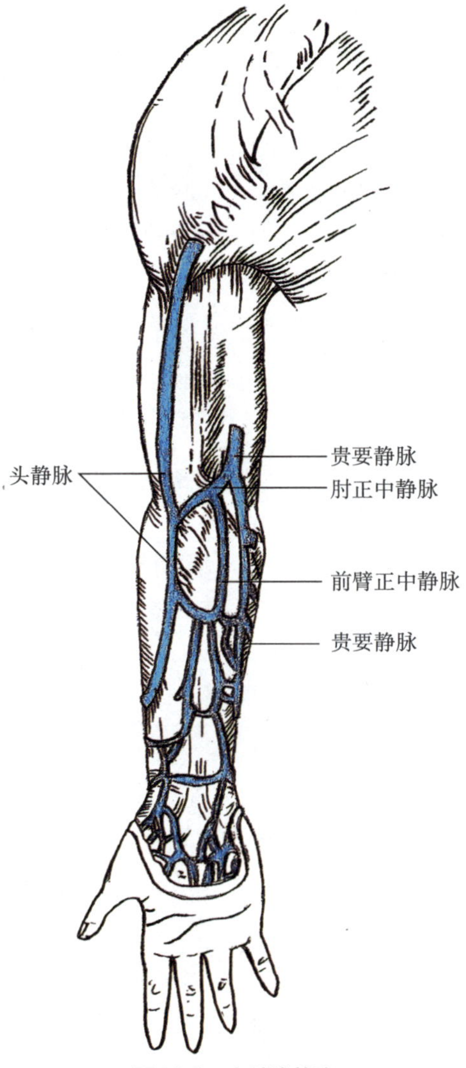

图11-4 上肢浅静脉

头静脉：起自手背静脉网的桡侧，沿前臂的桡侧、肘部的前面、肱二头肌外侧沟上行，经三角肌和胸大肌肌间沟至锁骨下方穿深筋膜注入腋静脉或锁骨下静脉。

肘正中静脉：在肘窝处斜行连于头静脉和贵要静脉之间的静脉。

贵要静脉：起自手背静脉网的尺侧，沿前臂的尺侧上行，至肘部转至前面，经肱二头肌内侧沟上行至臂中点平面，穿深筋膜注入肱静脉或伴肱静脉上行注入腋静脉。

奇静脉：起于右腰升静脉，沿胸椎体右侧上行至第4胸椎高度，向前勾绕右肺根上方注入上腔静脉。

半奇静脉：起自左腰升静脉，沿胸椎体左侧上行，约达第8胸椎椎体高度向右跨越脊柱，注入奇静脉。

副半奇静脉：沿胸椎椎体左侧下行，注入半奇静脉或向右跨过脊柱前面注入奇静脉。

下腔静脉：由左、右髂总静脉平第4、5腰椎右前方合成，沿腹主动脉右侧，经肝的腔静脉沟，穿膈腔静脉孔入右心房。

髂总静脉：由髂外静脉和髂内静脉在骶髂关节的前方汇合而成。

髂内静脉：位于髂内动脉的后内侧。

髂外静脉：位于髂外动脉内侧，但上端右髂外静脉位于动脉的后方。

股静脉：与股动脉伴行，在腹股沟韧带附近位于股动脉的内侧。

大隐静脉（图11-5）：在足内侧缘起自足背静脉弓，经内踝前方，沿小腿内侧、膝关节内后方、大腿内侧面上行，至耻骨结节外下方3～4cm处穿阔筋膜的隐静脉裂孔，注入股静脉。

小隐静脉（图11-6）：在足外侧缘起自足背静脉弓，经外踝后方，沿小腿后面上行，至腘窝下角穿深筋膜注入腘静脉。

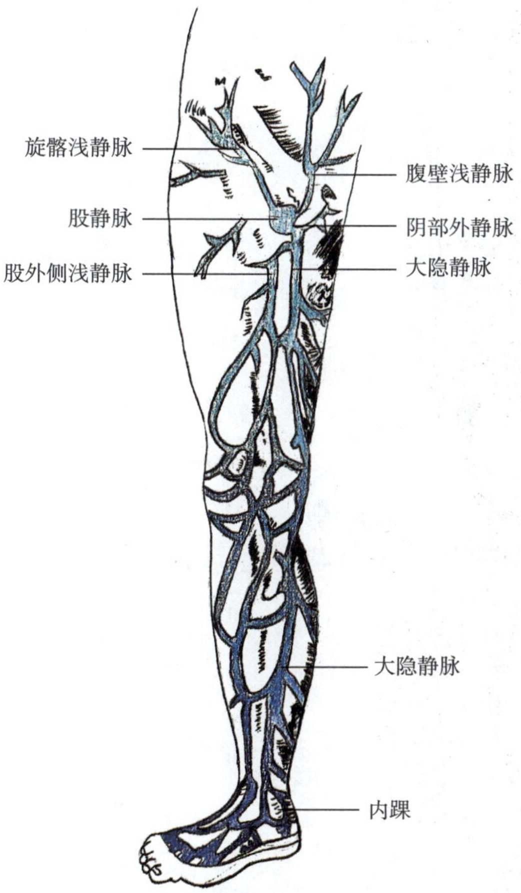

图11-5 大隐静脉

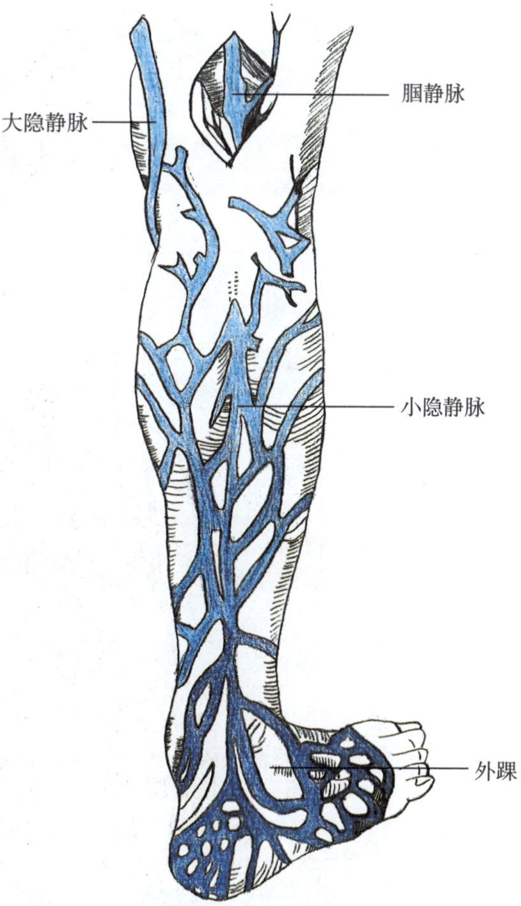

图11-6 小隐静脉

睾丸静脉：左侧以直角汇入左肾静脉，右侧以锐角直接注入下腔静脉。

卵巢静脉：在卵巢悬韧带内上行，左侧卵巢静脉两支分别注入左肾静脉，右侧卵巢静脉汇入下腔静脉。。

肾静脉：经肾动脉前面向内侧走行，注入下腔静脉。

肾上腺静脉：左侧注入左肾静脉，右侧注入下腔静脉。

肝静脉：包括肝左静脉、肝中静脉和肝右静脉以及细小的静脉，在肝的腔静脉沟处斜行注入下腔静脉。

肝门静脉：由脾静脉与肠系膜上静脉在胰颈后方合成，进入肝十二指肠韧带，在肝固有动脉和胆总管的后方上行至肝门，分为左、右两支入肝。肝门静脉系统与上、下腔静脉系统之间有丰富的吻合（图11-7）。

脾静脉：起自脾门，经脾动脉下方和胰后方上部右行。

肠系膜上静脉：沿同名动脉右侧上行。

肠系膜下静脉：位于同名动脉的左侧。

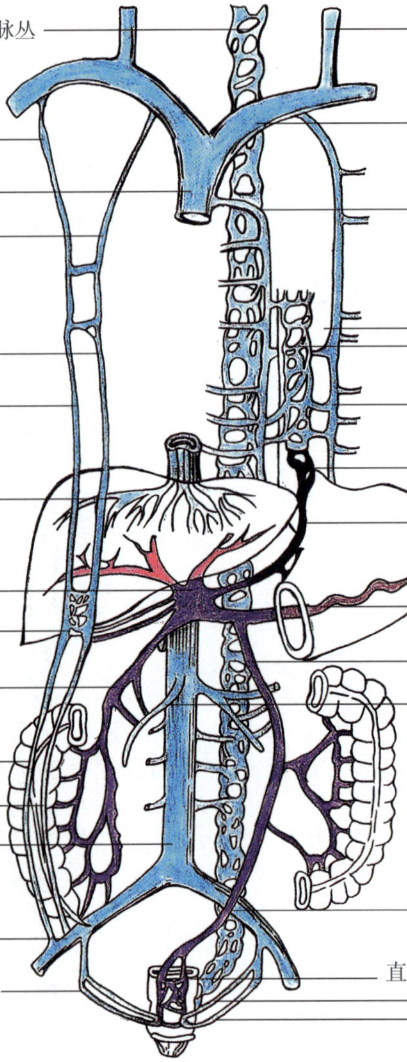

图11-7 肝门静脉系统与上、下腔静脉系统之间的吻合途径

胃左静脉：与胃左动脉伴行，沿胃小弯至贲门，然后向右，越过主动脉前方，汇入肝门静脉。

胃右静脉：与同名动脉伴行，接受同名动脉分布结构的静脉血。

胆囊静脉：变异较大，可注入肝门静脉主干或肝门静脉右支。

附脐静脉：经肝圆韧带表面或实质内注入肝门静脉。

（三）淋巴系统

淋巴系统由淋巴管、淋巴组织和淋巴器官构成。颈部浅表淋巴结见图11-8。

胸导管：起于第1腰椎前方由左、右腰干和肠干汇合而成的乳糜池，向上经主动脉裂孔进入胸腔，沿脊柱右前方，食管后方上行，至第4～5胸椎高度左侧斜行，然后沿食管左缘上行，经胸廓上口至颈根部左侧，注入左静脉角。

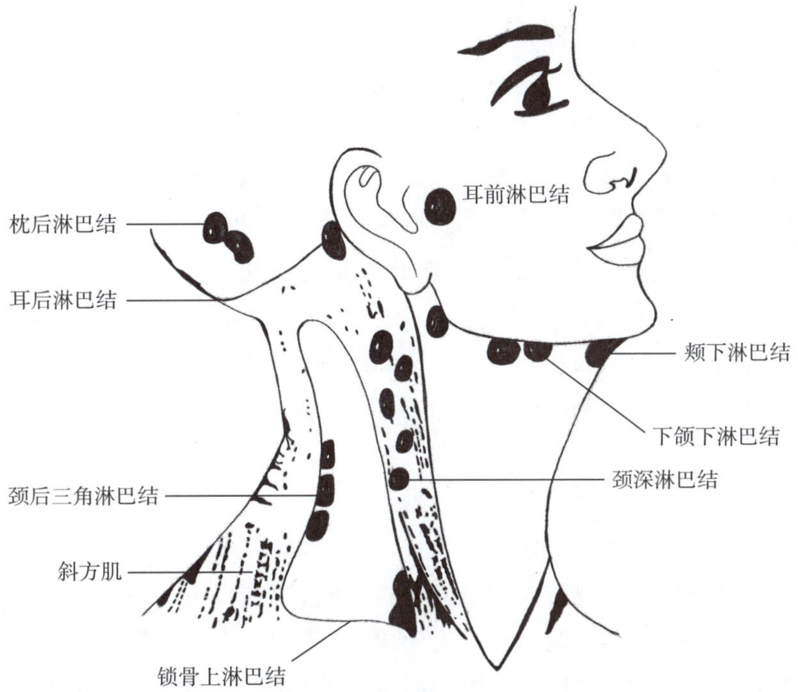

图11-8 颈部浅表淋巴结

右淋巴导管：长1～1.5cm，由右颈干、右锁骨下干和右支气管纵隔干汇合而成，注入右静脉角。

脾：位于左季肋部，胃底的左侧，左肾及左肾上腺的前面，结肠左曲的上方，第9～11肋深面，长轴与第10肋一致。

脾的膈面：光滑隆凸，朝向外上，与膈相贴。脏面凹陷，此面中央有成裂隙状的脾门，是脾血管和神经出入之处。脾上缘锐利，前部有2～3个深陷的脾切迹，是触诊辨认脾的特征性标志。

下颌下淋巴结：位于下颌下腺附近。

颈内静脉二腹肌淋巴结：位于二腹肌后腹与颈内静脉交角处，又称角淋巴结。

斜角肌淋巴结：位于前斜角肌前方的淋巴结，其左侧斜角肌淋巴结又称Virchow淋巴结。

锁骨上淋巴结：沿颈横血管排列的淋巴结。

腋淋巴结：位于腋窝内，按位置分为5群：

① 胸肌淋巴结：位于胸小肌下缘，胸外侧动、静脉周围；

② 外侧淋巴结：位于腋静脉远侧段周围；

③ 肩胛下淋巴结：位于腋窝后壁、肩胛下动、静脉周围；

④ 中央淋巴结：位于腋窝中央疏松结缔组织中；

⑤ 尖淋巴结：沿腋静脉近侧段排列。

腹股沟浅淋巴结：上组沿腹股沟韧带下方排列，下组沿大隐静脉末端排列。

腹股沟深淋巴结：位于股静脉根部周围。

支气管肺淋巴结：又称肺门淋巴结，位于肺门处，肺血管和支气管之间。

气管支气管淋巴结：分为上、下两群，分别位于气管杈的上、下方。

气管旁淋巴结：多沿气管两侧排列，分为上、中、下3群。

腰淋巴结：位于下腔静脉和腹主动脉周围，有30～50个。

腹腔淋巴结：位于腹腔干周围，收纳肝、胆囊、胰、脾、胃、十二指肠等器官的淋巴。

肠系膜上淋巴结：位于肠系膜上动脉根部周围，收集相应动脉分布区域的淋巴。

肠系膜下淋巴结：位于肠系膜下动脉根部，收集自结肠左曲至直肠上部的淋巴管。

髂总淋巴结：位于髂总动、静脉周围。

髂内淋巴结：沿髂内动脉及其分支排列。

髂外淋巴结：沿髂外动静脉排列。

颈干：由颈外侧下深淋巴结的输出淋巴管合成。

锁骨下干：腋尖淋巴结的输出淋巴管形成的淋巴干。

支气管纵隔干：气管旁淋巴结、纵隔前淋巴结和胸骨旁淋巴结的输出淋巴管汇合成的淋巴干。左、右支气管纵隔干分别注入胸导管和右淋巴导管。

腰干：腰淋巴结的输出淋巴管汇合成的淋巴干，其与肠干共同形成乳糜池。

肠干：腹腔淋巴结、肠系膜上淋巴结和肠系膜下淋巴结的输出淋巴管汇合成的一条淋巴干，向上注入乳糜池。

四、观察技巧及注意事项

（一）观察技巧

1. 学习动脉要以人体的部位或者区域为主线，首先明确每一个区域的动脉主干，在此基础之上学习该主干的起止、主要分支及其分布范围。

2. 躯体的静脉通常分为浅、深两部分，两者之间有大量的交通支相连。浅静脉通常不与动脉伴行，而且变异较大，应特别注意，深静脉多与动脉伴行，名称也大多相同，所以我们重点观察浅静脉，以及走行与动脉不一致的深静脉。

3. 门静脉系统是腹部脏器把静脉输送至肝的血管，其属支与上、下腔静脉在一些部位有交通，请认真观察和理解门静脉系统及其与上、下腔静脉的交通。

4. 淋巴系统的观察主要借助封装标本和模型，对淋巴结的掌握请以群的概念整体认识淋巴结的分布。

（二）注意事项

1. 教师应先做示教，后加强巡视，随时指导学生认识解剖结构。

2. 动脉分支往往有变异，确定其名称大多以到达部位为依据。

3. 对于可在体表触及动脉搏动的动脉，尝试在自己身上进行触摸。

4. 血管标本很容易损伤，观察时动作要轻，避免过度牵拉，请注意保护标本。

5. 淋巴管细小、易断，观察时需认真仔细。很多淋巴结在活体可以触摸到，所以可通过活体触摸进行学习。

五、思考题

1. 主动弓凸侧缘有哪些分支？腹主动脉（成对、不成对）的脏支有哪些？

2. 腹腔干有哪些分支？肠系膜上动脉的分支有哪些？肠系膜下动脉的分支有哪些？

3. 颈外动脉包括哪些分支？供给胃的动脉有哪些？各为哪条动脉的分支？

4. 简述头静脉、大隐静脉的起始、行程和注入部位。

5. 简述肝门静脉系统的组成、特点、主要属支及侧支循环。

6. 治疗胆囊炎时使用静脉注射药物，若采取贵要静脉注射，请说明药物到达胆囊的途径。

实训 12 感觉器（视器、前庭蜗器）

【实训要点】

（一）视器

1. 识记眼球壁各层的名称、位置、分部及主要形态结构特点。
2. 识记房水、晶状体、玻璃体的位置和形态结构。
3. 熟悉眼底的形态结构，以及结膜的位置与分部。
4. 熟悉眼外肌的组成和功能。

（二）前庭蜗器

1. 识记前庭蜗器的组成和分部。
2. 熟悉耳郭的外形。
3. 识记外耳道的特征，鼓膜的位置、形态与分部，中耳的位置和鼓室的结构。
4. 熟悉内耳迷路的组成、分部及主要形态结构。
5. 理解声波的传导途径。

一、实训目的

1. 简述眼球壁各层的形态结构特点和功能，眼球内容物的构成。
2. 说明眼副器的结构特点，运动眼球和眼睑各肌名称、作用和神经支配。
3. 简述眼的血管供应和神经支配。
4. 简述外耳的组成，以及外耳道的分部及结构特点。
5. 简述鼓膜张肌、镫骨肌的位置及神经支配和作用，乳突窦及小房的位置、开口及临床意义。
6. 简述内耳的位置和分部，骨迷路和膜迷路的形态、结构及功能，内、外淋巴液的存在部位、产生、作用及循环。

7. 简述前庭神经和蜗神经的起始、行径和功能，声波传递和感受过程。

二、用物准备

眼示教放大模型、耳解剖模型、3Dbody解剖系统。

三、辨认结构

（一）视器

眼球水平切面结构见图12-1。

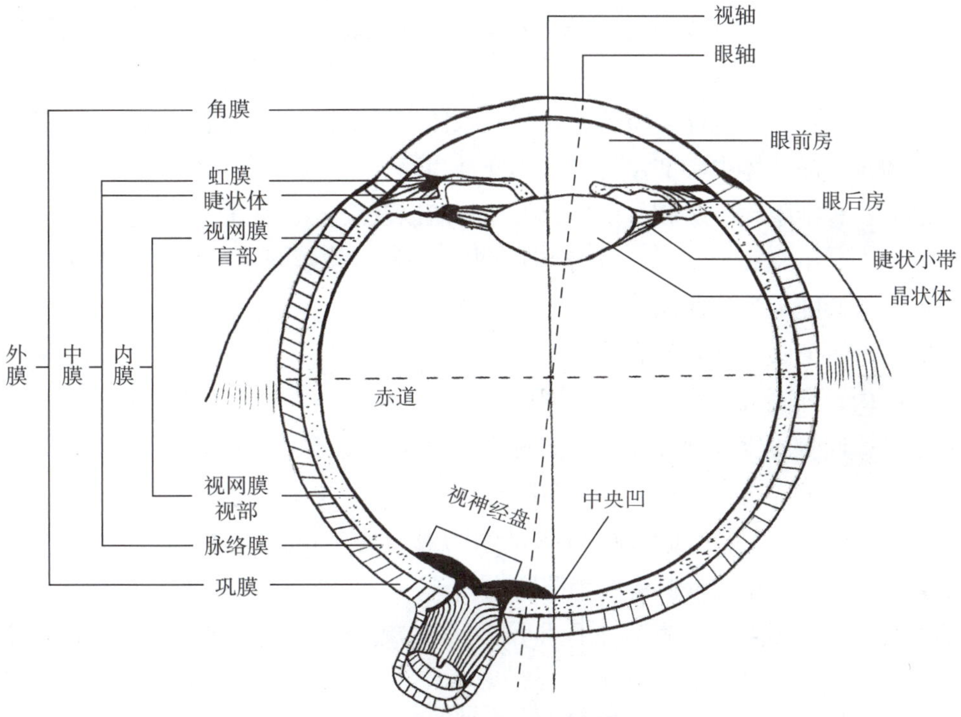

图12-1 眼球水平切面示意图

角膜：前1/6，无色透明，无血管，神经末梢丰富，曲度较大，屈光。

巩膜：后5/6，厚而坚韧，乳白色，不透明。

虹膜：血管膜的最前部，角膜后方，呈冠状位的圆盘形薄膜，中央有一圆孔，称瞳孔。

睫状体：位于虹膜与脉络膜移行部的内面，为眼球血管膜的环形增厚部分。

脉络膜：为血管膜的后2/3部分，填充在巩膜与视网膜色素上皮层之间。

视网膜：即内膜，紧贴在血管膜的内面。

晶状体：位于虹膜与玻璃体之间，呈双凸透镜状。

玻璃体：充满晶状体与视网膜之间的无色透明胶状物，约占眼球内腔的4/5。

巩膜静脉窦：巩膜与角膜交界深面的一环形小管。

瞳孔：虹膜中央的一圆孔。

眼房：角膜与晶状体之间的间隙。虹膜将眼房分为较大的眼前房和较小的眼后房，眼前房和眼后房借瞳孔相通。

睫状肌：睫状体内由外向内的纵行、放射状、环行3种不同排列方向的平滑肌。

睫状突：睫状体前部肥厚，有向内突出并呈放射状排列的皱襞。

睫状环：睫状体后部平坦光滑处。

睫状小带：连接睫状突与晶状体的细丝状结构。

视神经乳头：视神经穿出眼球壁形成的一白色圆形隆起，此处无感光细胞，为生理性盲点。

黄斑：在视神经乳头颞侧约3.5mm处稍下方一浅黄色的区域，其中央有一凹陷称中央凹，为视觉最敏锐的部位。

晶状体皮质：为晶状体实质的表层与晶状体表面平行呈环状排列的晶状体纤维。

晶状体核：晶状体中心部位的晶状体纤维。

眼副器：包括眼睑、结膜、泪器、眼球外肌以及眼球鞘和眶脂体等。

眼睑（上、下睑睫毛）：为一能活动的皮肤皱褶，位于眼球前方。睑缘处有2～3行睫毛，上、下睑睫毛均弯曲向前。

睑裂：上、下眼睑之间的裂隙。

睑裂的内、外侧端都成锐角，分别称内眦和外眦。

睑结膜：起自睑缘，被覆在上、下眼睑内面的结膜。

球结膜：覆盖在巩膜前面，止于角膜缘的结膜。

结膜穹隆：介于上、下睑结膜和球结膜相互移行处，分别形成结膜上穹和结膜下穹。

泪腺：位于眶上壁前外侧部的泪腺窝内。

泪小管：起自泪点，分为上、下泪小管，先与睑缘成垂直方向走行，然后近乎直角转向内，汇合一起开口于泪囊上部。

泪湖：圆钝的内眦与眼球之间围成的间隙。

泪阜：泪湖底一粉红色圆形小丘。

泪点：对向泪湖，位于上、下睑内侧端泪乳头的中央，是泪道的起始部分。

泪囊：为一膜性囊，位于眶内侧壁前下部的泪囊窝内。

鼻泪管：泪囊下端的一膜性管道，上部包埋于骨性鼻泪管中，下部在鼻腔外侧壁黏膜深面，开口于下鼻道。

眼外肌：为视器的运动装置，包括6块运动眼球的肌肉和1块上睑提肌。

上睑提肌：起自视神经管的前上方眶壁，在上直肌上方向前走行止于上睑的皮肤和上睑板。

上直肌、下直肌、内直肌和外直肌，这些肌均起自视神经管周围的总腱环，向前分别止于眼球前部巩膜的上、下、内侧和外侧面。

上斜肌：起自总腱环的上内侧的眶壁，在上直肌和内直肌间前行，以纤细的肌腱经过眶内侧壁前上方的滑车，转向眼球的后外方。

下斜肌：起自眶下壁的前内侧，斜向后外，止于眼球下份的后外侧面。

眶脂体：填充于框内各结构之间的脂肪组织。

眶筋膜：包括眶骨膜、眼球筋膜鞘、肌筋膜鞘和眶隔。

眼动脉：颈内动脉在颅底内面于前床突内侧发出的分支。

视网膜中央动脉：是眼动脉入眶后的第一条分支，在眼球后方穿入视神经内，沿视神经中央前行至视神经盘处分为4支进入视网膜内。

（二）耳

前庭蜗器又称耳（图12-2），分为外耳、中耳和内耳。

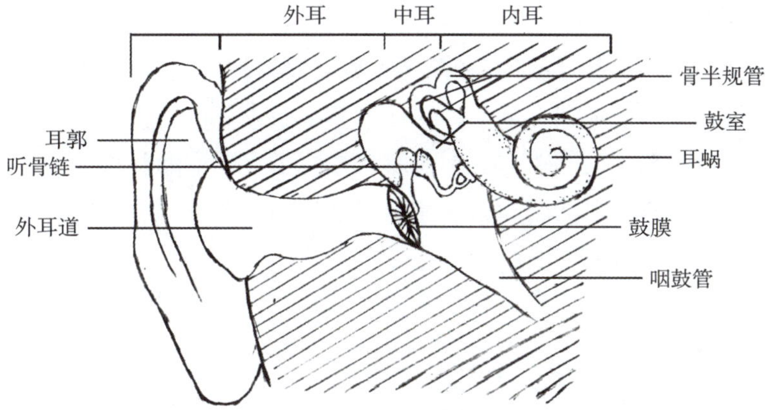

图12-2　前庭蜗器（耳）

外耳道：外耳门→鼓膜，前内→后内上→前内下，呈“S”状弯曲。

鼓膜：位于外耳道与鼓室之间，椭圆形，向前、下、外倾斜。

鼓膜中心部的凹面最深处称鼓膜脐，自鼓膜脐可见一条向前上方走行的白线，称锤纹，锤纹上端向前后发出锤骨前襞和锤骨后襞，将鼓膜分成下方大约3/4区域的紧张部，前上方1/4部分的松弛部。在正常活体，当光线照在鼓膜上，鼓膜脐的前下方有一三角形反光区，称光锥。

鼓室：颞骨岩部内含气的小腔隙，位于鼓膜与内耳外侧壁之间。

外侧壁：又称鼓膜壁，大部分由鼓膜构成，鼓膜上方有鼓室上隐窝，构成外侧壁上部。

上壁：又称盖壁，由颞骨岩部的鼓室盖构成，分隔鼓室和颅中窝。

下壁：又称颈静脉壁，分隔鼓室和颈静脉窝。

前壁：又称颈动脉壁，为颈动脉管的后壁。此壁上方为鼓膜张肌半管，下方为咽鼓管半管。

内侧壁：又称迷路壁，是内耳前庭部的外侧壁，中部隆凸称岬。

前庭窗（卵圆窗）：岬后上方的卵圆形小孔，被镫骨底封闭。

蜗窗（圆窗）：岬后下方的圆形孔，活体上被结缔组织膜封闭，又称第二鼓膜。

面神经管凸：前庭窗后上方的弓形隆起，内有面神经通过。

后壁：又称乳突壁，上宽下窄，上部有乳突窦开口。乳突窦开口的下方有一锥状隆起，称锥隆起，内藏镫骨肌。

乳突窦：鼓室向后上方通入的一个腔隙。

乳突小房：乳突内许多大小、形状不等且相互交通的蜂窝状小腔。

听小骨：鼓室内有3块听小骨，由外侧向内侧分别是锤骨、砧骨和镫骨。

鼓膜张肌：起于鼓膜张肌半管，止于锤骨柄上端，收缩时以紧张鼓膜。

镫骨肌：位于锥状隆起内，止于镫骨颈，收缩时松弛鼓膜。

咽鼓管：也称Eustachian管，是连通鼓室和鼻咽部的管道，两端开口分别是咽鼓管鼓室口和咽鼓管咽口。

咽鼓管可分为后外侧1/3的骨部和前内侧2/3的软骨部。

咽鼓管咽口：开口于鼻咽部侧壁，约在下鼻甲后方1cm处。

咽鼓管鼓室口：在颈动脉壁的上部，鼓膜张肌半管下方的开口。

骨迷路：由骨密质围成的腔和管，从前内侧向后外侧沿颞骨岩部的长轴排列，依次为耳蜗、前庭和骨半规管的3部分。

耳蜗：位于骨迷路的最前方，是一卷曲的骨管，形似蜗牛壳，由蜗螺旋管或称骨螺旋管环绕蜗轴两圈半构成。

前庭：位于骨迷路中部，其外侧壁即鼓室的内侧壁，上有前庭窗和蜗窗。

骨半规管：位于前庭的后部，是3个相互垂直的半环形骨管，分为前骨半规管、外骨半规管和后骨半规管。

每个骨半规管有两个骨脚连于前庭，其中一个膨大骨脚称壶腹骨脚，脚上的膨大部称骨壶腹，另一个骨脚细小称单骨脚。前骨半规管和后骨半规管的单骨脚合成一个总骨脚。

膜迷路：套入骨迷路内封闭的膜性囊和管，从前向后可分为蜗管、椭圆囊和球囊、膜半规管3部分。

椭圆囊和球囊：位于骨迷路的前庭内，椭圆囊在后上方，球囊在前下方。在椭圆囊上端的底部和前壁上有椭圆囊斑，球囊的前上壁有球囊斑。能感受头部静止的位置及直线变速运动引起的刺激。

膜半规管：位于同名骨半规管内，分别称为前（上）膜半规管、外（水平）膜半规管、后膜半规管。在骨壶腹内的部分也相应膨大称为膜壶腹。膜壶腹壁上有壶腹嵴，能感受头部旋转变速运动的刺激。

蜗管：耳蜗的蜗螺旋管内，位于骨螺旋板与蜗螺旋管外侧壁之间。有3个壁：外壁为耳蜗骨内膜增厚所形成的螺旋韧带，上壁为蜗管前庭壁（前庭膜），下壁由骨螺旋板和蜗管鼓壁（又称螺旋膜或基底膜）组成。在螺旋膜上有螺旋器，又称Corti器，是听觉感受器。

四、观察技巧及注意事项

（一）观察技巧

1. 眼球结构精细，可以相互观察对方的眼表活体状态；眼球的肌肉细小，可以运动自己的眼球体会眼外肌的作用。

2. 外耳的耳郭和外耳道可在活体上进行直接观察；中耳、内耳的结构较小且复杂，需要配合模型进行观察，并注意模型的解剖学方位。

（二）注意事项

1. 教师应先做示教，后加强巡视，随时指导学生认识解剖结构。
2. 眼球较小而且结构精细，需要仔细辨认，可以相互观察对方的眼表。
3. 内耳结构细小、复杂，需仔细观察辨认。
4. 理解声波传导途径，应与前庭蜗器的基本结构密切联系。

五、思考题

1. 外界光线经过哪些结构才能投射到视网膜上？
2. 简述房水的产生部位及循环途径。
3. 运动眼球的肌肉有哪些？它们的作用是什么？
4. 中耳鼓室的6个壁分别是什么？
5. 内耳位于何处？有哪些重要结构？

实训13 神经系统（脊髓、脑干、小脑、间脑）

【实训要点】

（一）脊髓

1. 识记脊髓的位置、外形。

2. 熟悉脊髓灰质的形态结构，白质内的重要传导束（薄束、楔束、脊髓丘脑束、皮质脊髓束）。

3. 理解脊髓节段与椎骨的关系、脊髓的功能。

（二）脑干、小脑、间脑

1. 识记脑干的位置、分部及主要外部形态结构。

2. 识记第四脑室的位置和境界。

3. 熟悉主要脑神经核的名称、位置和性质。

4. 熟悉薄束核、楔束核的位置和性质。

5. 识记脑干内的主要纤维束（锥体束、内侧丘系、三叉丘系、脊髓丘系）。

6. 理解红核、黑质的位置，以及脑干网状结构的概念和脑干的功能。

7. 识记小脑的位置和外形；了解小脑的内部构造。

8. 识记间脑的主要位置和分部。

9. 熟悉背侧丘脑的位置和主要结构，特异性中继核团的位置和功能，下丘脑位置、形态结构及其主要核团，后丘脑的位置和功能；了解下丘脑的功能。

一、实训目的

1. 简述神经系统区分（中枢神经系统、周围神经系统）；复述灰质、白质、神经核、神经节、神经、传导束及网状结构的概念。

2. 简述脊髓外形和位置；描述脊髓灰、白质配布；辨认灰质前、后、侧角的主要核团，理解脊髓灰质细胞构筑分层；简述脊髓主要纤维束的位置和起止；简述脊髓节段与椎骨的对应关系；理解脊髓的功能和脊髓反射；理解脊髓半横断所出现的临床体征；辨认脊髓中央管和终室的位置。

3. 简述脑干的外形、第四脑室和脉络丛；辨认脑神经核及其与脑干相连的脑神经；简述脑干中主要的纤维束的名称及位置；辨认非脑神经核团的位置；理解脑干网状结构的概念。

4. 描述小脑的位置、外形、分叶、内部核团，简述3对小脑脚的名称；简述小脑脚内纤维的起止。

5. 简述间脑的位置、分部；简述第三脑室的位置和交通；理解丘脑核团的划分，特异性核团及其纤维联系（丘脑腹后内、外侧核）。

二、用物准备

椎管横断标本、神经系统模型、脊髓挂图、脑干模型、大脑模型、3Dbody解剖系统。

三、辨认结构

（一）脊髓

1. 脊髓位置

脊髓位置：位于椎管内，上端平枕骨大孔与延髓相连；下端成人平L1下缘，新生儿平L3。

2. 脊髓外形（图13-1）

颈膨大：自第4颈髓节段至第1胸髓节段的梭形膨大。

腰骶膨大：自第2腰髓节段至第3骶髓节段的梭形膨大。

脊髓圆锥：脊髓末端变细的部分。

终丝：脊髓圆锥向下延为细长的无神经组织，在第2骶椎水平以下由硬脊膜包裹，止于尾骨的背面。

马尾：椎管硬膜内脊髓末端平面以下下行的腰、骶、尾部神经根。

前正中裂：脊髓前面正中较明显的沟。

后正中沟：脊髓后面正中较浅的沟。

前外侧沟：脊神经前根的根丝附着处。

后外侧沟：脊神经后根的根丝附着处。

后中间沟：后正中沟和后外侧沟之间一条较浅的沟，是薄束和楔束之间的分界标志。

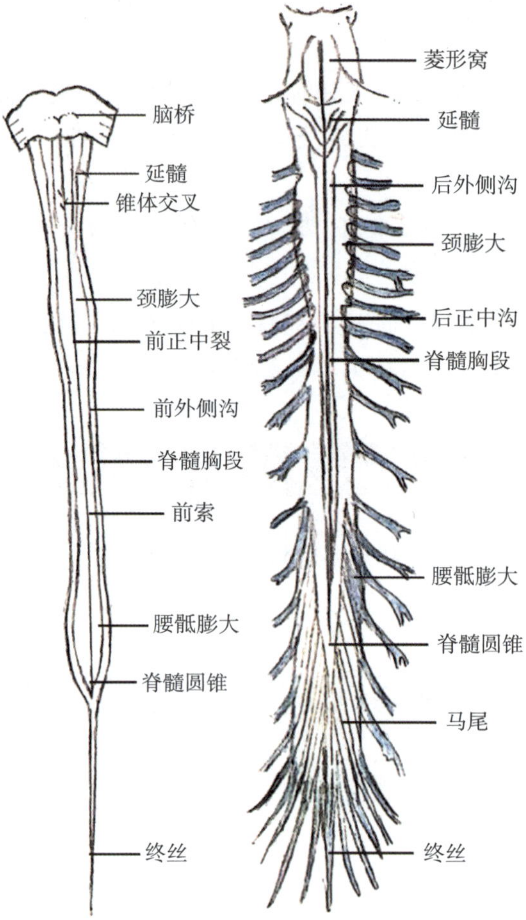

图13-1　脊髓外形

3. 脊髓内部结构

（1）灰质

中央管：纵贯脊髓全长，内含脑脊液，在脊髓圆锥内扩大成终室。40岁以上的人中央管常闭塞。

前角或前柱：每侧灰质扩大的前部。

后角或后柱：每侧灰质狭细的后部。由后向前又可分为头、颈和基底3部分。

侧角或侧柱：在胸髓1至腰3脊髓节段之间，前、后角之间向外伸出的部分。

中间带：前、后角之间的区域。

中央管前、后的灰质分别称为灰质前连合和灰质后连合，连接两侧的灰质。

中央灰质：位于中央管周围的灰质前、后连合称为中央灰质。

前索：前正中裂与前外侧沟之间的白质。

外侧索：前、后外侧沟之间的白质。

后索：后外侧沟与后正中沟之间的白质。

白质前连合：灰质前连合的前方横越的纤维。

网状结构：后角基部外侧与白质之间的灰、白质混合交织，在颈部比较明显。

终室：中央管在脊髓圆锥内一梭形的扩大。

脊髓灰质的分层结构：

板层Ⅰ（后角边缘核）：又称边缘层或Waldeyer层，在腰骶膨大处最清楚，呈弧形，与白质相邻。层内含有后角边缘核。

板层Ⅱ（胶状质）：占据灰质后角头之大部，此层髓鞘染色法不着色，呈胶状质样，故称胶状质。

板层Ⅲ：与前两层平行。

板层Ⅳ（后角固有核）：较厚，细胞排列较疏松。板层Ⅲ和板层Ⅳ内较大的细胞群称后角固有核。

板层Ⅴ（网状结构）：位于后角颈部，除胸髓以外，都可分内、外两部分。外侧部与纵横交错的纤维交织在一起，形成网状结构（网状核），在颈髓明显。

板层Ⅵ：位于后角基底部。

板层Ⅶ：占中间带的大部。此层胸核，又称背核或Clarke柱，见于C8～L3节段，位于后角基底部内侧；中间内侧核，在第Ⅵ层最内侧，第Ⅹ层的外侧，占脊髓全长；中间外侧核，位于T1～L2（或L3）节段的侧角。

板层Ⅷ：在脊髓胸段，位于前角基底部；在颈膨大和腰骶膨大处，仅限于前角内侧部。

板层Ⅸ：位于前角最腹侧。在颈膨大和腰骶膨大处前角神经元可分为内、外侧两群。

板层Ⅹ：位于中央管周围，包括灰质前、后连合。

（2）白质

薄束：在第5胸节以下占据后索的全部，在胸4以上位于脊髓后索内侧部。

楔束：只见胸髓4以上，位于后索的外侧部。

脊髓小脑后束：位于外侧索周边的后部，上行经小脑下脚终于小脑。

脊髓小脑前束：位于脊髓小脑后束的前方，经小脑上脚进入小脑。

脊髓丘脑侧束：位于外侧索的前半部，并与其邻近的纤维束有重叠。

脊髓丘脑前束：位于前索，前根纤维的内侧。

皮质脊髓束：起于大脑皮质中央前回和其他一些皮质区域，下行至延髓锥体交叉，纤维交叉至对侧，称为皮质脊髓侧束；少量未交叉的纤维在同侧前索下行称为皮质脊髓前束。

红核脊髓束：起自中脑红核，纤维交叉至对侧，在脊髓外侧索内下行。

前庭脊髓束：起于前庭神经外侧核，在同侧前索外侧部下行。

顶盖脊髓束：起自中脑上丘，经被盖背侧交叉越边，在前索内下行。

（二）脑干

1. 脑干的外形（图13-2）

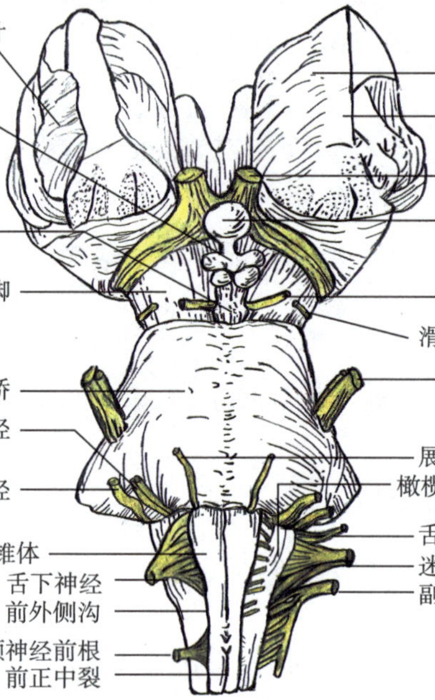

图13-2　脑干腹侧面观

延髓：向上以延髓脑桥沟与脑桥为界，向下在枕骨大孔处与脊髓相连。

脑桥：位于小脑前面。以斜方体或内侧丘系腹侧缘分为前方的基底部和后方的被盖。

中脑：上界是视束，下界是脑桥上缘。包括顶盖、大脑脚底和被盖。

中脑被盖：位于顶盖和大脑脚底之间。

大脑脚底：脚间窝两侧的中脑腹侧面。

锥体：延髓腹侧面，前正中裂两侧的纵行隆起。

锥体交叉：由锥体下端交叉到对侧大部分皮质脊髓束纤维形成。

橄榄：锥体背外侧的一卵圆形隆起。

后外侧沟：橄榄背外侧一浅沟，自上而下依次有舌咽神经根、迷走神经根和副神经根连于延髓。

前外侧沟：锥体与橄榄间的浅沟，有舌下神经根连于延髓。

薄束结节：延髓背侧面，后正中沟两侧由脊髓的薄束向上延伸形成的隆起。

楔束结节：延髓背侧面，薄束结节外侧由脊髓的楔束向上延伸形成的隆起。

小脑下脚（绳状体）：楔束结节外上方的隆起。

脑桥基底部：脑桥腹侧面的宽阔膨隆。

基底沟：基底部正中纵行的凹槽，容纳基底动脉。

小脑中脚（脑桥臂）：基底部向两侧逐渐变窄移行的部分，移行处有三叉神经根连于脑桥。

脑桥小脑三角：延髓、脑桥与小脑交界处。

小脑上脚（结合臂）：位于脑桥背侧面，第四脑室底的外侧壁。

上髓帆：两侧小脑上脚间的薄层白质，参与构成第四脑室顶。

大脑脚：中脑腹侧面，中线两侧的粗大隆起。

脚间窝：两大脑脚间的凹陷，动眼神经在此连于中脑。

中脑背侧面有4个圆形隆起，上方一对称为上丘，下方一对称为下丘，上丘和下丘合称为四叠体或顶盖。

上丘臂：上丘外侧的一横行隆起，与间脑的外侧膝状体相连。

下丘臂：下丘外侧的一横行隆起，与间脑的内侧膝状体相连。

第四脑室：位于延髓、脑桥和小脑之间的帐篷形室腔，底由菱形窝构成，顶朝向小脑，前部由小脑上脚及上髓帆组成，后部由下髓帆和第四脑室脉络组织构成。

菱形窝：由脑桥和延髓上半部背面形成的菱形窝，构成第四脑室底。

髓纹：菱形窝中部横行的数条浅表纤维束，是脑桥与延髓背面的分界。

正中沟：菱形窝正中纵行的浅沟。

内侧隆起：正中沟两侧的纵行隆起。

界沟：内侧隆起外侧的纵行浅沟。

面神经丘：髓纹上方内侧隆起上呈圆形的隆凸，内含展神经核。髓纹下方的内侧隆起上有两个小三角区：内上方的舌下神经三角，内含舌下神经核；外下方的迷走神经三角，内含迷走神经背核。

分隔索：迷走神经三角外下缘的一斜行窄嵴。

最后区：分隔索与薄束结节之间的窄带。

前庭区：界沟外侧的三角形区域，深面有前庭神经核。

听结节：前庭区外侧角处的一小隆起，内含蜗神经核。

上髓帆：两侧小脑上脚间的薄层白质。

下髓帆：介于小脑蚓的小结与绒球之间的薄层白质。

第四脑室脉络组织：附着于下髓帆与菱形窝外下界之间，由室管膜、软脑膜和血管共同构成。

第四脑室正中孔：位于菱形窝下角的正上方。

第四脑室外侧孔：位于第四脑室外侧隐窝的尖端。

2. 脑干内部结构

（1）脑神经核

① 一般躯体运动柱：位于正中线两侧。

动眼神经核：位于中脑上丘平面。

滑车神经核：位于中脑下丘平面。

展神经核：位于脑桥中下部面神经丘深面。

舌下神经核：位于延髓上部舌下神经三角深面。

② 特殊内脏运动柱：位于躯体运动核的腹外侧。

三叉神经运动核：位于脑桥中部。

面神经核：位于脑桥中下部。

疑核：位于延髓中上部。

副神经核：位于疑核下方。

③ 一般内脏运动柱：位于躯体运动柱的外侧。

动眼神经副核（Edinger-Westphal核，简称E-W核）：位于中脑上丘平面。

上泌涎核：位于脑桥下部。

下泌涎核：位于延髓上部。

迷走神经背核：位于迷走神经三角深面。

④ 一般和特殊内脏感觉柱（孤束核）：位于界沟外侧。

⑤ 一般躯体感觉柱：位于内脏感觉核的腹外侧。

三叉神经中脑核：位于中脑。

三叉神经脑桥核：位于脑桥中部。

三叉神经脊束核：上与三叉神经脑桥核相续，下至颈髓第1、第2节段（C1、C2）。

⑥ 特殊躯体感觉柱：位于内脏感觉核外侧。

蜗神经核：位于第四脑室底听结节深面。

斜方体：蜗神经核发出的纤维大部分交叉到对侧，其穿经内侧丘系或经内侧丘系腹的部位。

前庭神经核：位于第四脑室底前庭区深面。

（2）非脑神经核

薄束核：位于延髓薄束结节的深面。

楔束核：位于延髓楔束结节的深面。

下橄榄核：位于延髓橄榄的深面。

上橄榄核：位于脑桥中下部的被盖腹侧部，内侧丘系的背外侧，脊髓丘脑束的背侧。

红核：位于中脑上丘水平被盖的中央部，黑质的背内侧。

黑质：位于中脑被盖与大脑脚底之间。

脑桥核：散在分布于脑桥基底部纵横纤维束之间。

脑干网状结构：在中脑导水管周围灰质、第四脑室底灰质和延髓中央灰质的腹外侧灰白交织的区域。

（3）脑干内白质

内侧丘系：薄束核和楔束核发出的二级感觉纤维经内侧丘系交叉后形成，向上依次经过延髓、脑桥和中脑，终止于背侧丘脑腹后外侧核。

外侧丘系：双侧蜗神经核和双侧上橄榄核发出纤维在脑桥中下部、被盖腹侧部横行，越过中线到对侧形成斜方体（其外侧部被上行的内侧丘系纤维穿过），在上橄榄核背外侧转折上行构成外侧丘系，终止于下丘。

三叉丘系（三叉丘脑束）：三叉神经脊束核和三叉神经脑桥核发出的二级感觉纤维越过中线到对侧上行，形成三叉丘系，紧贴内侧丘系背外侧上行，终止于背侧丘脑腹后内侧核。

脊髓丘系（脊髓丘脑束）：脊髓丘脑侧束和脊髓丘脑前束上升入延髓后合并而成，终止于背侧丘脑腹后外侧核。

（三）小脑

1. 外形

小脑大致呈球形，由中间卷曲的蚓部（小脑蚓）和两侧膨大的小脑半球组成。其前、后缘中间的凹陷，分别称小脑前、后切迹。

小脑半球：两侧的膨大部分。

小脑蚓：小脑中部比较狭窄的部分。

小脑扁桃体：靠近枕骨大孔，小脑下面中部蚓垂两侧向下的膨出部分。小脑蚓下面凹陷于两半球之间，从前向后依次为小结、蚓垂、蚓锥体和蚓结节。小结向两侧以绒球脚与小脑半球前缘的绒球相连。

小脑上脚：又称结合臂，连于中脑，主要为传出纤维。

原裂：小脑上面前、中1/3交界处一近似“V”形的深沟。

后外侧裂：小脑下面绒球和小结后方的一深沟。

水平裂：在小脑半球后缘的一明显深沟。

小脑中脚：又称脑桥臂，位于最外侧，连于脑桥。几乎全部由对侧脑桥核发出的脑桥小脑纤维构成。

小脑下脚：又称绳状体，连于延髓。包含小脑的传入纤维和传出纤维两部分。

2. 小脑的分叶和功能分区

形态学分叶
- 前叶：小脑上面原裂以前的小脑体
- 后叶：小脑原裂与外侧裂之间
- 绒球小结叶：小脑下面借后外侧裂与后叶分界

功能分区
- 前庭小脑（绒球小结叶）——原小脑
- 脊髓小脑（小脑蚓和半球中间部及顶核与中间核）——旧小脑
- 大脑小脑（小脑半球外侧部及相关的齿状核）——新小脑

3. 小脑内部结构

小脑皮质：是指小脑表层的灰质，少部分外露于表面，大部分深藏于沟内。

小脑核：又称小脑中央核，藏于小脑髓质内。由内侧向外侧依次为顶核、球状核、栓状核和齿状核。

顶核：位于第四脑室顶的上方，小脑蚓的白质内，属于原小脑。

球状核和栓状核：合称中间核，位于顶核与齿状核之间，属于旧小脑。

（四）间脑

1. 背侧丘脑又称丘脑，系一对卵圆形的灰质团块，斜卧于中脑的前上方。其前端较窄，称丘脑前结节；后端膨大，称丘脑枕。

下丘脑沟：由室间孔至中脑水管的浅沟，为背侧丘脑与下丘脑的分界线。

内髓板：背侧丘脑内部一自外上斜向内下的“Y”形白质板。

前核群：位于内髓板前部分叉处前方。

内侧核群：位于内髓板的内侧。

外侧核群：位于内髓板的外侧。

外侧核群分为背、腹两层，这两层核团之间无天然界限。背层核群由前向后分为外侧背核、外侧后核和丘脑枕。

腹层核群由前向后分为腹前核、腹中间核（又称腹外侧核）和腹后核，腹后核又分为腹后外侧核和腹后内侧核。

2. 后丘脑：指丘脑枕下外方、中脑顶盖上方的两对小隆起，即内侧膝状体和外侧膝状体。

3. 上丘脑：位于第三脑室顶部周围，主要包括丘脑髓纹、缰三角、缰连合、松果体、后连合等。

丘脑髓纹：是一对前后方向的纤维束，是丘脑背侧面和内侧面的分界标志。

缰三角：丘脑髓纹后端的扩大部分。

缰连合：连接两侧缰三角后部的白质。

松果体：位于上丘脑缰连合的后上方。

后连合：位于松果体下脚与上丘脑之间较粗的连合纤维。为间脑与中脑交界处结构。

4. 底丘脑：位于背侧丘脑和中脑被盖间的过渡区，含底丘脑核。

5. 下丘脑：位于背侧丘脑的下方，组成第三脑室侧壁的下半。

视交叉：下丘脑下面最前部的交叉纤维束。

灰结节：位于乳头体的前方。

漏斗：灰结节前下方中空的圆锥状结构。

正中隆起：灰结节与漏斗移行部上端的膨大。

垂体：位于垂体窝内，借垂体柄与下丘脑相连。

乳头体：丘脑下面后部的一对圆形隆起。

6. 第三脑室位于两侧背侧丘脑和下丘脑之间的狭窄腔隙。

四、观察技巧及注意事项

（一）观察技巧

1. 脊髓属于低级中枢，外部形态、内部结构都相对简单，请仔细观察和理解细胞的分布和纤维束的位置、功能。

2. 脑干标本小，结构不明显，需要借助模型观察，内部结构无法用肉眼观察到，建议采用3Dbody系统加以理解。

（二）注意事项

1. 教师应先做示教，后加强巡视，随时指导学生认识解剖结构。

2. 神经、脑干等标本柔嫩脆弱、易断，严禁用锐利工具挟持和撕拉，以免损坏标本。

3. 注意脊髓节段与椎骨的对应关系。

五、思考题

1. 什么是脊髓节段？为什么脊髓节段与脊柱（椎体）不完全对应？如何依据脊髓节段推算对应脊柱的椎体高度？

2. 脊髓第3颈髓节段左侧半横断（Brown-Sequad综合征）有何临床表现？为什么？

3. 脑干6个脑神经核功能柱各有哪些神经核？简述各脑神经核所属脑神经及其功能。

4. 简述小脑的分部，以及小脑扁桃的位置和临床意义。

5. 简述背侧丘脑的核团分布。

实训 14 神经系统（端脑、脑和脊髓的被膜、血管和脑脊液循环）

【实训要点】

1. 识记大脑半球的外部形态结构和分叶，主要的沟、回、裂。

2. 识记端脑基底核的概念和构成，内囊的位置、分部及各部通过的主要纤维束。

3. 识记侧脑室的位置、形态和分部。

4. 熟悉大脑重要的皮质中枢（躯体运动中枢、躯体感觉中枢、视觉中枢、听觉中枢）的位置。

5. 理解大脑皮质的结构和分区，语言中枢的位置。

6. 理解大脑髓质、边缘系统的概念。

一、实训目的

1. 简述大脑的外形、分叶、各面的主要沟、回的位置；辨认大脑皮质中枢定位、大脑皮质语言中枢的位置。

2. 简述基底核的组成和位置，纹状体的组成，内囊的形态、位置、分部和各部投射纤维束的排列位置关系；能区分大脑半球髓质、联络纤维、连合纤维和投射纤维。

3. 简述边缘叶、边缘系统的组成；复述侧脑室的形态、位置。

4. 简述脑、脊髓被膜的位置和形成的重要结构。

5. 简述脑动脉的来源、行径、分支和分布范围。

6. 简述脑底动脉环的位置、组成及临床意义。

7. 简述脑脊液的产生及循环。

二、用物准备

神经系统模型、大脑模型、3Dbody解剖系统。

三、辨认结构

（一）端脑

1. 端脑的外形与分叶

（1）上外侧面

大脑纵裂：左、右大脑半球纵行的裂隙。

胼胝体：大脑纵裂的底连接左、右半球的宽厚白质板。

大脑横裂：大脑半球后部与下方小脑间的裂隙。

外侧沟：起于半球下面的前部，延伸至上外侧面，行向后上方。

顶枕沟：半球内侧面后部起自距状沟，自前下斜向后上至半球上缘。

中央沟：起于半球上缘中点的稍后方，斜向前下方，下端几乎达外侧沟。

枕前切迹：成人在枕叶后极前方约5cm处。

额叶：外侧沟以上，中央沟以前。

中央前沟向前方发出上、下两条近似平行的沟，分别称为额上沟和额下沟。借额上沟、额下沟将中央前沟以前的额叶自上而下分为额上回、额中回和额下回。

中央前沟：额叶上外侧面在中央沟的前方与之平行的沟。

中央前回：中央前沟和中央沟之间的脑回。

颞叶：大脑外侧沟以下的部分。

颞叶外侧沟下方有与之平行的颞上沟和颞下沟，两沟将颞叶自上而下分为颞上回、颞中回和颞下回。

颞横回：颞上回在外侧沟后部下壁2～3个自前外向后内横行的脑回。

缘上回：包绕外侧沟末端的脑回。

角回：围绕在颞上沟末端的脑回。

枕叶：背外侧面，顶枕沟至枕前切迹（距枕极4cm）连线后部；内侧面，在顶枕沟后方。

顶叶：中央沟后方至顶枕沟的区域。

中央后沟：顶叶的上外侧面中央沟后方与之平行的沟。

顶内沟：中央后沟向后下方有一间断走行并与半球上缘平行的沟。顶内沟将中央后沟后方的顶叶分为顶上小叶和顶下小叶。

中央后回：中央沟与中央后沟间的脑回。

岛叶：外侧沟的深面，被周围的额、顶、颞叶所掩盖。

（2）大脑半球内侧面（图14-1）

胼胝体：大脑半球内侧面中部前后方向略呈弓形的白质板。自前向后分为嘴、膝、干、压4部。

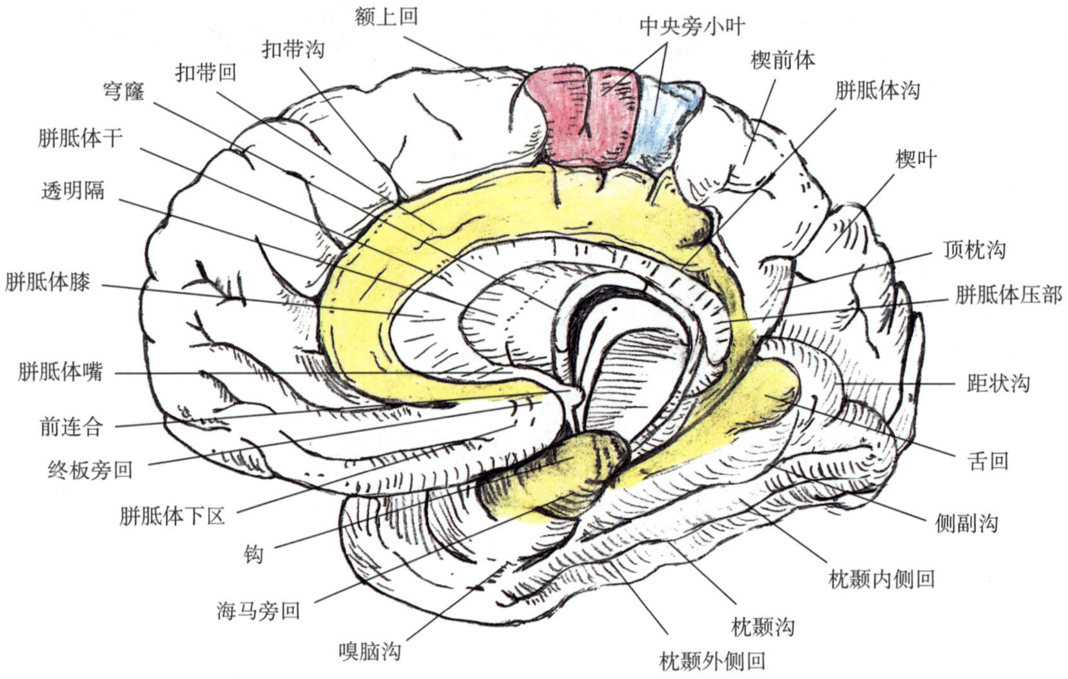

图14-1 大脑半球内侧面示意图

胼胝体沟：胼胝体的背面环行的沟。

扣带沟：胼胝体沟上方，与胼胝体沟平行的沟。

扣带回：胼胝体沟与扣带沟之间的脑回。

距状沟：胼胝体压部后方的深沟，且呈弓形走向枕极。

顶枕沟：胼胝体压部后下方的深沟，自前下斜向后上至半球上缘。

楔叶：顶枕沟与距状沟间的三角区。

舌回：距状沟以下的脑回。

楔前叶：顶叶内侧面一小的楔形脑回，位于中央旁小叶的后部。

中央旁小叶：中央前、后回自上外侧面延续至内侧面的部分。

（3）大脑半球底面（图14-2）

枕颞沟：颞叶下面，靠近外侧与半球下缘平行的沟。

侧副沟：颞叶下面，枕颞沟内侧与之平行且较长的沟。

海马旁回：侧副沟前部内侧的脑回。其前端弯曲，称为钩。

海马沟：海马旁回上内侧的沟。

齿状回：海马沟上方锯齿状的窄条皮质。

海马：在齿状回的外侧，侧脑室下角底壁的弓形隆起。

嗅束沟：额叶下面内侧的直沟。

嗅束：位于嗅束沟内。

嗅球：嗅束前端的膨大部。

嗅三角：嗅束后端的扩大部。

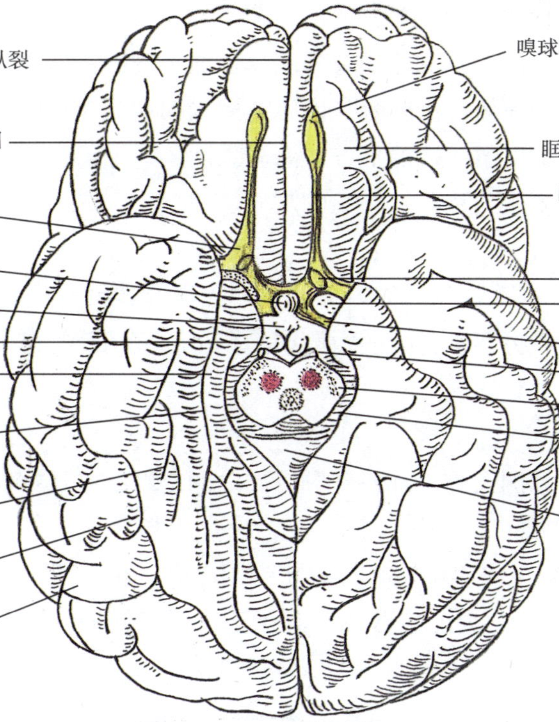

图14-2 脑的底面示意图

2. 大脑的皮质功能定位

第1躯体运动区：中央前回和中央旁小叶的前部，包括Brodmann4、6区。

第1躯体感觉区：中央后回和中央旁小叶的后部，包括Brodmann3、2、1区。

视觉区：距状沟上、下方的枕叶皮质，即Brodmann17区。

听觉区：颞横回，包括Brodmann41、42区。

平衡觉区：一般认为位于中央后回下部，头面部感觉区附近。

嗅觉区：位于海马旁回钩的内侧及附近。

味觉区：一般认为位于中央后回下部（Brodmann43区）。

内脏运动中枢：位于边缘叶，通常认为是内脏神经功能调节的高级中枢。

语言中枢：包括书写、说话、听讲、阅读4个中枢。

运动性语言区（说话中枢）：位于额下回后部（Brodmann44、45区），又称Broca区。

书写区：位于额中回后部（Brodmann8区），紧靠中央前回下部的运动区。

听觉性语言区（听话中枢）：位于颞上回后部（Brodmann22区），靠近听觉区。

视觉性语言区（阅读中枢）：位于角回（Brodmann39区），靠近视觉区。

3. 端脑内部结构

基底核：为大脑半球基底部、背侧丘脑外侧的一些核团，包括纹状体、屏状核和杏仁体。

纹状体：由尾状核和豆状核组成。

尾状核：呈弓形，位于背侧丘脑背外侧，延伸于侧脑室前角、中央部和下角。

豆状核：位于岛叶深部，借内囊与内侧的尾状核和背侧丘脑分开。

杏仁体：在侧脑室下角前端的上方，海马旁回钩的深面，与尾状核的末端相连。

屏状核：为岛叶皮质与豆状核之间的灰质。

侧脑室：为大脑半球内的腔隙，左、右各一。侧脑室分为4部分：伸向额叶的部分，称前角；位于顶叶的部分，称中央部；伸入枕叶的部分，称后角；伸至颞叶的部分，称下角。前角与中央部移行处的内侧壁的孔，称室间孔，借此与第三脑室相通。

4. 大脑髓质

联络纤维：联系同侧大脑半球各部分皮质之间的纤维。连接相邻的脑回之间，称弓状纤维。长的纤维主要有：①扣带，连接边缘叶的各部分；②上纵束，连接额、顶、枕、颞4个叶；③下纵束，连接枕叶与颞叶；④钩束，连接额叶与颞叶。

连合纤维（图14-3）：为连接两侧大脑半球皮质之间的纤维。包括胼胝体、前连合和穹隆连合。

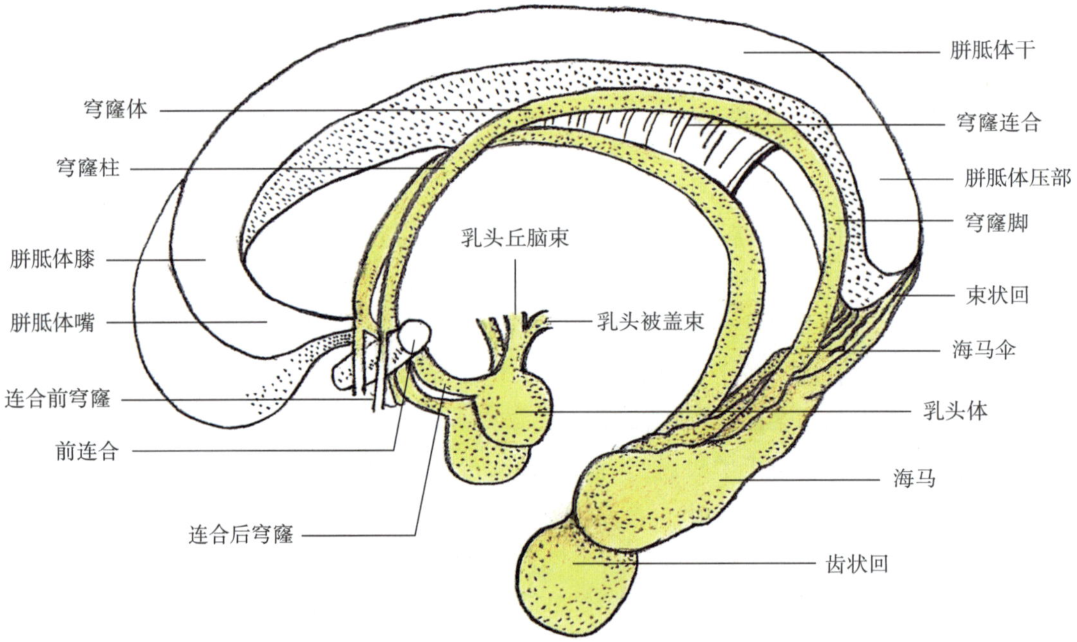

图14-3 连合纤维

胼胝体：连接两侧半球广泛区域，分为嘴、膝、干、压4部分。

前连合：连接左、右嗅球和两侧颞叶，在正中矢状面上呈圆形，位于终板上方。

穹隆和穹隆连合：海马的传出纤维在其内侧聚集形成海马伞，海马伞向后离开海马向上移行为海马脚，在胼胝体下面，部分穹隆纤维越至对侧形成穹隆连合，连接对侧海马。

投射纤维：是连接大脑皮质和皮质下中枢的上行和下行纤维，大部分经过内囊。

内囊：位于背侧丘脑、尾状核和豆状核之间的投射纤维（宽厚白质板）。通常将其分为3部分，位于尾状核与豆状核之间的部分，称内囊前肢，位于背侧丘脑与豆状核之间的部分，称内囊后肢，前、后肢之间的结合部，称内囊膝。

外囊：屏状核与豆状核之间的髓质。

最外囊：屏状核与岛叶皮质之间的髓质。

（二）脑和脊髓的被膜、血管和脑脊液循环

1. 脊髓被膜

脊髓被膜由外向内被称为硬脊膜、脊髓蛛网膜和软脊膜。

硬脊膜：厚而坚韧，上端附于枕骨大孔边缘，下部在S2变细，包裹马尾，末端附于尾骨。

脊髓蛛网膜：一层薄而透明的薄膜，位于硬脊膜与软脊膜之间。

软脊膜：薄而透明，紧包在脊髓的表面，并延伸至脊髓的沟裂中，在脊髓圆锥移行形成终丝。

硬膜外腔：硬脊膜与椎管内面的骨膜之间的间隙。

硬膜下腔：硬脊膜和脊髓蛛网膜之间。

蛛网膜下腔：位于蛛网膜与软脑膜之间，内充满脑脊液。

2. 脑的被膜

自外向内依次为硬脑膜、蛛网膜和软脑膜。

硬脑膜：厚而坚韧，由两层构成，外层为颅骨内面的骨膜层，内层为脑膜层。

大脑镰：由硬脑膜内层伸入两侧大脑半球之间的纵裂内而形成，呈镰刀状。

小脑幕：伸入大、小脑之间，其前内侧缘游离形成幕切迹。

小脑镰：位于小脑幕后部的下方伸入两侧小脑半球之间。

鞍膈：呈环形，位于蝶鞍上面，封闭垂体窝，中央有一小孔。

上矢状窦：位于大脑镰上缘，前方起自盲孔，后方止于窦汇。

下矢状窦：位于大脑镰下缘后1/2～2/3内，向后通直窦。

直窦：位于大脑镰与小脑幕连接处，是下矢状窦向后下的直接延续。

横窦：位于横窦沟处，连接窦汇与乙状窦。

乙状窦：横窦的延续，位于乙状窦沟内，向前下经颈静脉孔出颅与颈内静脉相通。

海绵窦：位于蝶骨体的两侧，为两层硬脑膜间的不规则腔隙。

岩上窦：位于颞骨岩部上缘，前起海绵窦，后通横窦或乙状窦。

岩下窦：位于颞骨岩部与枕骨相交的岩枕裂内，前起海绵窦，向后通颈内静脉。

蛛网膜：缺乏血管和神经，在脑的上面较薄而透明，在脑的底面相对较厚而不够透明。

软脑膜：紧贴脑的表面，薄而富有血管和神经，并与蛛网膜一起包绕血管伸入脑组织。

蛛网膜下池：蛛网膜下隙扩大的某些部位。

小脑延髓池：位于小脑下面与延髓背面之间，为最大的蛛网膜下池。

视交叉池：在视交叉前方。

桥池：脑桥腹侧。

大脑大静脉池：又称上池、四叠体池，位于脑干和第三脑室后方，胼胝体压部与小脑上面之间。

蛛网膜粒：由蛛网膜在上矢状窦附近突入窦内形成的“菜花状”突起，为脑脊液回流入脑膜窦的结构。

脉络组织：在脑室一定部位，软脑膜及其血管与室管膜上皮共同构成脉络组织。

脉络丛：脉络组织中的血管反复分支成丛，连同其表面的软脑膜和室管膜上皮突入脑室形成脉络丛，产生脑脊液。

3. 脑和脊髓的血管

颈内动脉：供应大脑半球前2/3及部分间脑。颈总动脉→颈内动脉（①颈部）→颈动脉管（②岩部）→海绵窦（③海绵窦部）→前床突［④前床突上部（③④合称虹吸部）］。

大脑前动脉：在视神经上方向前内走行，入大脑纵裂，沿胼胝体沟向后行，至顶枕沟附近与大脑后动脉吻合。

大脑中动脉：自颈内动脉发出后，水平向外行入外侧沟，向后上走行。

脉络丛前动脉：多数在后交通动脉的外侧从颈内动脉发出，沿视束下面向后外走行，进入侧脑室下角，参与脉络丛的形成。

后交通动脉：起自颈内动脉末段，在视束下面行向后内，与大脑后动脉吻合。

椎动脉：供应大脑半球后1/3、间脑后部、小脑和脑干。锁骨下动脉→椎动脉→穿第6至第1颈椎横突孔→枕骨大孔入颅腔→脑桥下缘两椎动脉合成一条基底动脉。

脊髓前动脉：由椎动脉在近延髓上端处发出，左、右脊髓前动脉在延髓腹侧合成一条动脉，沿前正中裂下行至脊髓末端。

脊髓后动脉：由椎动脉在颅内位置较低的部位发出，绕延髓两侧向后走行，沿脊神经后根内侧下行，直到脊髓末端。

小脑下后动脉：是椎动脉的最大分支，在橄榄下端附近发出，向后外绕延髓至其上端，继而向下至小脑后下面。

小脑下前动脉：自基底动脉起始段发出，行向外下至小脑下面。

小脑上动脉：在脑桥上缘近基底动脉的末端处发出，绕大脑脚向后，转至小脑上面。

大脑后动脉：基底动脉的终末分支，绕大脑脚向后，沿海马旁回和钩转至小脑幕上，向后走行于颞叶和枕叶的内侧面，至距状沟。

大脑动脉环（Willis 环）：位于脑底下方、蝶鞍上方，环绕视交叉、灰结节及乳头体；由前交通动脉、两侧大脑前动脉起始段、两侧颈内动脉末端，后交通动脉和两侧大脑后动脉共同构成。

脑的静脉：壁薄，缺乏平滑肌，没有瓣膜，多数不与动脉伴行。

大脑上静脉：外侧沟以上的浅静脉，有 8～12 支。

大脑中静脉：位于大脑外侧沟中的浅静脉。

大脑下静脉：外侧沟以下的浅静脉。

大脑内静脉：左、右各 1 条，在室间孔后上缘由脉络丛静脉和丘脑纹静脉合成，向后至第三脑室后方，两条大脑内静脉汇合成一条大脑大静脉（Galen 静脉）。

四、观察技巧及注意事项

（一）观察技巧

1. 硬脑（脊）膜外腔及蛛网膜下腔，在标本上通常是无法观察到其全貌的，需要配合数字化设备来辅助观察。

2. 对照脑干模型，加深对侧脑室、基底核、内囊等结构在三维空间中位置关系的理解。

（二）注意事项

1. 教师应先做示教，后加强巡视，随时指导学生认识解剖结构。
2. 大脑半球的标本有许多沟和回，需要注意区别，并留意它们的变化。
3. 在观察齿状韧带时，请避免用力牵拉，以防损伤。

五、思考题

1. 大脑半球表面有哪些主要的沟裂？通过哪些标志性结构可以将大脑分为四叶和岛叶？

2. 简述脑脊液的产生和循环途径（用箭头指示方向）。

实训 15 神经系统（脊神经、脑神经）

【实训要点】

（一）脊神经

1. 熟悉颈丛的组成和位置。
2. 识记臂丛、腰丛、骶丛的组成和位置。
3. 识记膈神经、尺神经、正中神经、桡神经、腋神经、肌皮神经、髂腹下神经、髂腹股沟神经、股神经、坐骨神经、腓总神经、腓浅神经、腓深神经和胫神经的走行路径和支配区域。
4. 熟悉胸长神经、胸背神经、阴部神经和隐神经等的走行路径和支配区域。
5. 熟悉胸神经前支的分布规律。
6. 理解颈丛皮支、脊神经后支、闭孔神经、臀上神经和臀下神经等的分布。

（二）脑神经

1. 识记三叉神经、面神经、迷走神经和舌下神经的主要分布。
2. 熟悉脑神经出入颅的部位，视神经、动眼神经和副神经的主要分布。
3. 理解嗅神经、滑车神经、展神经、前庭蜗神经和舌咽神经的主要分布。
4. 识记脑神经对腺体分泌的调控机制。

一、实训目的

1. 能简述脊神经组成、性质、行径及分支。
2. 简述颈丛的组成、位置、分布概况，追踪膈神经的行径。
3. 简述臂丛的组成和位置，能追踪并辨认正中神经、尺神经、桡神经、肌皮神经、腋神经的起始、行径；理解损伤后运动及感觉障碍的主要表现。
4. 简述胸神经前支在胸、腹壁的行径与分布，以及皮支的节段性分布特点。

5. 简述腰丛的组成和位置；简述股神经、闭孔神经的主要分支及其分布。

6. 简述骶丛的组成及位置，追踪坐骨神经起始、行径、分布，简述其常见变异。简述胫神经和腓总神经的行径、皮支分布区、所支配的肌群；理解胫神经、腓总神经损伤后运动及感觉障碍的主要表现。简述阴部神经的行径及其主要分支的分布。

7. 简述12对脑神经的名称、性质和出入颅的部位。

8. 描述单纯感觉性与运动性神经的功能、分布和损伤后的表现。

9. 复述混合性神经的纤维构成、外周走行和支配范围。

10. 简述交感神经和副交感神经的中枢控制、外周神经节、分布及功能。

11. 比较交感神经和副交感神经、内脏运动系统与躯体运动系统的区别。

12. 简述内脏神经的名称、位置和支配范围。

13. 简述内脏感觉的特点。

14. 能理解某一脑神经分支损伤后可能出现的症状。

二、用物准备

面部的神经和血管模型、神经系统模型、3Dbody解剖系统。

三、辨认结构

（一）脊神经

1. 颈丛

位于胸锁乳突肌上份的深面，中斜角肌和肩胛提肌起始端的前方。

（1）皮支

枕小神经：沿胸锁乳突肌后缘上行，分布于枕部和耳后皮肤。

耳大神经：沿胸锁乳突肌表面上行，分布于耳郭及附近皮肤。

颈横神经：由后向前横越胸锁乳突肌浅面行向颈前部。

锁骨上神经：位于胸锁乳突肌后缘中点处，行向下方和下外侧，分布于颈侧部、胸壁上部和肩部的皮肤。

（2）肌支

膈神经：由颈丛发出后→前斜角肌前面→于锁骨下动、静脉之间经胸廓上口入胸腔→肺根前方→纵隔胸膜和心包之间→膈。

颈襻：舌下神经与颈丛分支间的纤维联系，位于颈动脉鞘的表面。

2. 臂丛（图15-1）

穿斜角肌间隙→锁骨下动脉的后上方→腋窝，包绕腋动脉形成三束。臂丛可在头颈和上肢深层标本上观察，此丛上部位于斜角肌间隙，翻开前斜角肌的标本上可见第5～8颈神经与第1胸神经前支构成的5个根。此外，根再汇为3个干即由上而下的上干、中干和下干。各干各自再分为前、后两股，6个股经锁骨中点后至腋窝，在腋腔内围绕腋动脉构成3束。其中位于腋动脉外侧的为外侧束；在腋动脉内侧的为内侧束；腋动脉后方的为后束。

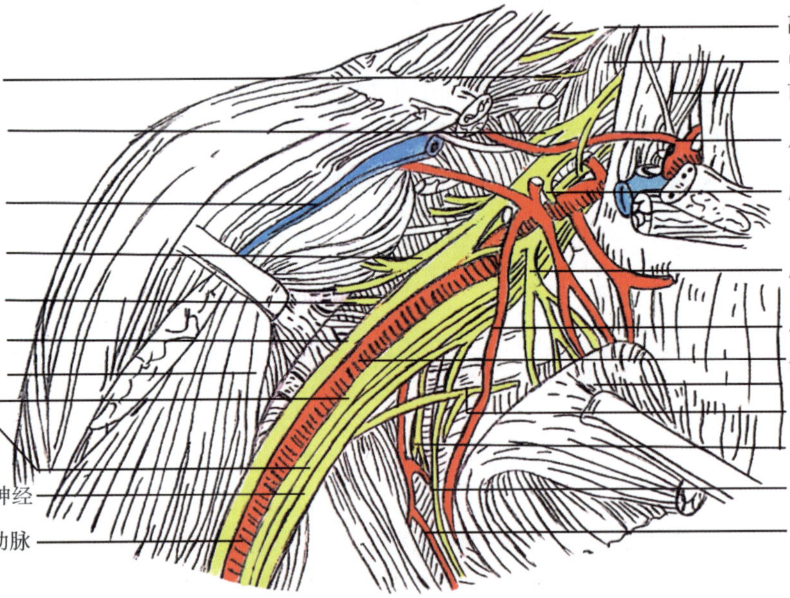

图15-1　臂丛及其分支

胸长神经：沿前锯肌表面伴随胸外侧动脉下行。

腋神经：起自后束，穿经腋窝后壁的四边孔，绕肱骨外科颈至三角肌深面。皮支自三角肌后缘穿出并绕至三角肌表面，称臂外侧上皮神经。

肌皮神经：起自外侧束，向外侧斜穿喙肱肌，经肱二头肌与肱肌之间下行，终支在肘关节稍外下方穿出深筋膜称前臂外侧皮神经，分布于前臂外侧的皮肤。

正中神经：起自臂丛的内、外侧束，沿肱二头肌内侧沟下行，穿旋前圆肌，下行于前臂指浅、深屈肌之间入腕管，在掌腱膜深面到达手掌。正中神经在手掌发出指掌侧总神经，下行至掌骨头附近指掌侧总神经又分为指掌侧固有神经，沿手指的相对缘至指尖。

尺神经：发自内侧束，经尺神经沟、豌豆骨桡侧至手。

桡神经：起自后束，经桡神经沟，穿旋后肌至手。

桡神经在臂部发出的皮支：臂后皮神经，分布于臂背面的皮肤；臂外侧下皮神经，分布于臂部下外侧的皮肤；前臂后皮神经，分布于前臂背面的皮肤。

桡神经浅支：先伴桡动脉外侧下行，在前臂中、下1/3交界处转向背面并下行至手背。

桡神经深支（骨间后神经）：在前臂伸肌群的浅层和深层肌之间下行。

肩胛上神经：向后经肩胛上切迹进入冈上窝，绕肩峰根部入冈下窝。

肩胛下神经：可分为上、下支，分别进入肩胛下肌和大圆肌。

胸背神经：起于后束，伴肩胛下血管行，支配背阔肌。

胸内侧神经：起自内侧束，穿胸小肌或绕胸小肌进入胸大肌。

胸外侧神经：起自外侧束，穿经锁胸筋膜，支分布于胸大肌。

臂内侧皮神经：发自内侧束，分布于臂内侧和臂前面的皮肤。

前臂内侧皮神经：发自内侧束，在前臂分为前、后支，分别分布于前臂内侧区的前、后面皮肤。

3. 胸神经前支

肋间神经：位于相应肋间隙的第 1 ~ 11 胸神经前支。

肋下神经：位于第 12 肋下方的第 12 对胸神经前支。

4. 腰丛

髂腹下神经：自腰大肌外侧缘穿出→腹内斜肌与腹横肌之间→穿腹横肌→腹内斜肌与腹外斜肌之间→腹股沟管浅环上方→穿出腹外斜肌腱膜至皮下。

髂腹股沟神经：位于髂腹下神经下方，自腰大肌外侧缘穿出，在髂嵴附近穿经腹横肌→腹横肌与腹内斜肌之间→腹股沟管→浅环穿出。

股外侧皮神经：自腰大肌外侧缘穿出后行向前外侧，达髂前上棘内侧，随后在腹股沟韧带下方外侧出骨盆。

股神经：腰大肌与髂肌之间→腹股沟韧带深面、股动脉外侧→大腿。

隐神经：股神经的终末支，伴随股动脉进入收肌管下行，至膝关节内侧离开收肌管浅出至皮下后，伴大隐静脉沿小腿内侧面下行到达足内侧缘。

闭孔神经：沿腰大肌后内侧缘下行，伴随闭孔血管穿闭膜管出小骨盆，分别经短收肌前、后方进入大腿内侧。

生殖股神经：自腰大肌前面穿出后沿该肌浅面下行，在腹股沟韧带上方分为生殖支和股支。

5. 骶丛

腰骶干：由第 4 腰神经前支的一部分和第 5 腰神经前支合成，向下加入骶丛。

臀上神经：出梨状肌上孔→臀中肌、臀小肌及阔筋膜张肌。

臀下神经：经梨状肌下孔穿出盆腔，分支支配臀大肌。

股后皮神经：穿梨状肌下孔，至臀大肌下缘浅出并分支至臀下部，称臀下皮神经，主干下行则分布于股后部和腘窝的皮肤。

阴部神经：出梨状肌下孔→坐骨小孔→坐骨肛门窝→会阴诸肌及会阴部、肛门和外生殖器的皮肤。

坐骨神经：经梨状肌下孔→臀大肌深面，坐骨结节与大转子之间→股后区，股二头肌深面→腘窝上角分为胫神经、腓总神经。

胫神经：行于小腿后群浅、深肌层之间，经内踝后方至足底，分为足底内侧神经和足底外侧神经。

腓肠内侧皮神经：腘窝内发自胫神经，伴随小隐静脉下行，在小腿下部与发自腓总神经的腓肠外侧皮神经相吻合成腓肠神经，经外踝后方呈弓形向前。

腓总神经：沿腘窝外侧壁→经腓骨颈外侧向前行，分为腓浅神经和腓深神经。

腓浅神经：自腓总神经分出后经腓骨长、短肌与趾长伸肌之间下行。

腓深神经：自腓总神经分出后伴胫前血管再经胫骨前肌和趾长伸肌之间，继而在胫骨肌与腓长伸肌之间下行至足背。

（二）脑神经

脑神经是直接与脑相连的周围神经部分，共12对。

1. 嗅神经：在鼻中隔上部，上鼻甲凸面和鼻腔顶的后部黏膜内有互相连接的神经丛，由此丛发出15～20条嗅丝，上行穿筛孔，终于嗅球。

2. 视神经：眼球后极偏内侧的一粗大的神经出眼球，经视神经管入颅腔止于视交叉。

3. 动眼神经：中脑脚间窝→海绵窦→眶上裂→眶→上支分布到上直肌和上睑提肌，下支至下直肌、内直肌、下斜肌。睫状神经节属副交感神经节，位于视神经与外直肌之间。

4. 滑车神经：中脑背侧绕大脑脚→海绵窦→眶上裂→眶→上斜肌。

5. 三叉神经：连于脑桥，根很短，向前行至颞骨岩部前面近尖端的三叉神经压迹处，膨大为半月形称三叉神经节。从此节发出三个大支，由内向外依次为眼神经、上颌神经、下颌神经。

（1）眼神经：穿海绵窦→眶上裂→眶。

泪腺神经：沿外直肌上缘→泪腺（感觉）。

额神经：在上睑提肌上方→出眶上孔（切迹）后称眶上神经。

滑车上神经：经眶上缘内侧端、滑车上方出眶。

鼻睫神经：在上直肌下面与视神经之间，斜跨视神经上方→眶内侧，分布于眼球、泪腺和部分鼻腔黏膜等处。

滑车下神经：行于上斜肌下方，在滑车下方出眶。

（2）上颌神经：穿海绵窦→圆孔→翼腭窝→眶下裂→眶。

眶下神经：上颌神经主干之延续，自眶下裂入眶→眶下沟→眶下管→眶下孔，分布于眼裂与口裂间皮肤、上颌前、中部牙及牙龈。

颧神经：较细小，在翼腭窝处分出后经眶下裂入眶，分布于颧部皮肤。

翼腭神经：细小神经，起自翼腭窝处的上颌神经，向下连于翼腭神经节。

上牙槽神经：分支分布于上颌窦、上颌后部牙及牙龈。

（3）下颌神经：出卵圆孔→颞下窝。

耳颞神经：起始为两根，夹持脑膜中动脉，合成一干，穿腮腺→耳屏前，分布于耳屏前、外耳道及颞区皮肤。

颊神经：沿颊肌浅面行向前下，分布于颊部皮肤及黏膜。

舌神经：下颌支深面→舌骨舌肌表面→舌，分布于口腔底，舌前2/3的黏膜。

下牙槽神经：下颌孔→颏孔浅出，称为颏神经，分布于下颌牙齿、牙龈、颏部、下唇皮肤及口腔黏膜。

咀嚼肌神经：分支有咬肌神经、颞深神经、翼内肌神经和翼外肌神经，分别支配咀嚼肌。

6. 展神经：海绵窦→眶上裂→眶→外直肌。

7. 面神经（图15-2）：自脑桥→内耳门→内耳道→面神经管→茎乳孔→穿腮腺→面部。

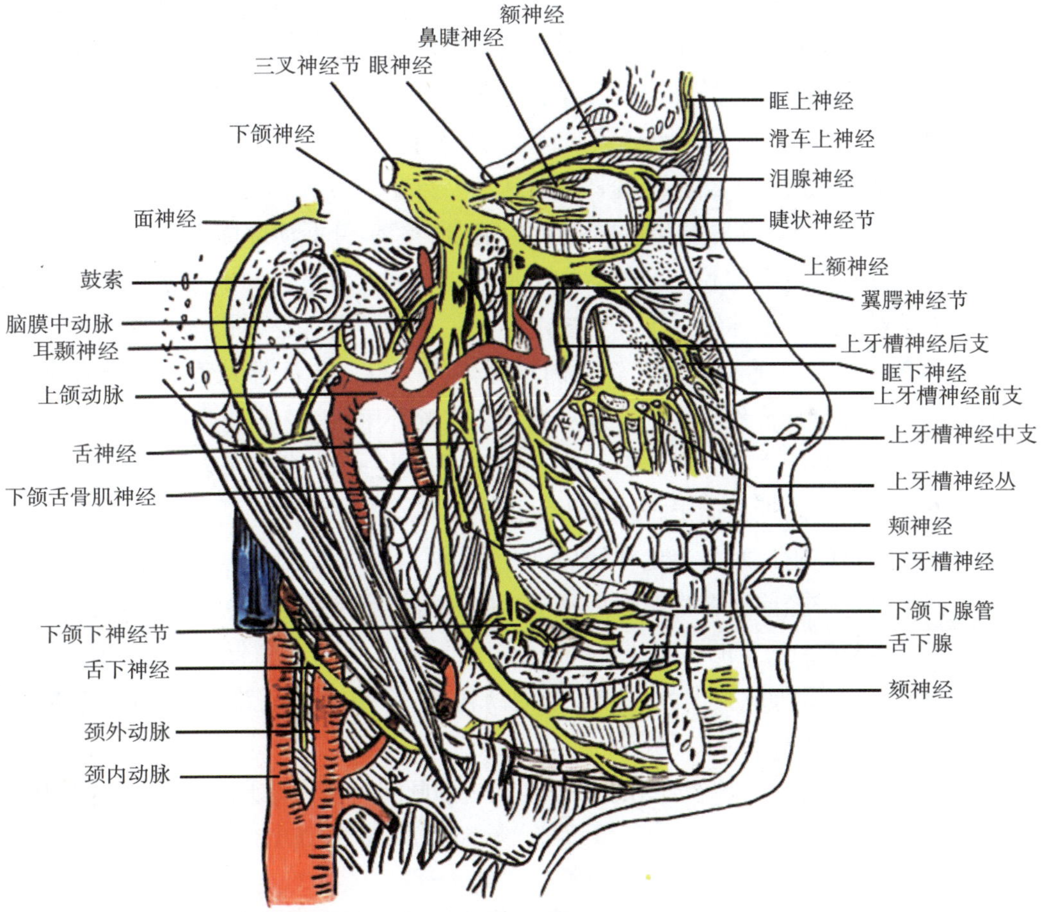

图15-2 面神经分布

（1）面神经管内的分支

鼓索：穿经鼓室→颞下窝→加入舌神经。

岩大神经：经翼管→翼腭窝，至翼腭神经节换元→泪腺、鼻、腭黏膜腺体的分泌。

镫骨肌神经：支配镫骨肌。

（2）面神经管外的分支

颞支：腮腺上缘穿出后行向前上，支配额肌和眼轮匝肌。

额支：腮腺上缘与前缘交汇处穿出，横过颧骨，支配眼轮匝肌。

颊支：由腮腺前缘中部穿出，横过咬肌，支配颊肌、口轮匝肌。

下颌缘支：沿下颌体下缘行向前，支配下唇诸肌。

颈支：由腮腺下缘穿出，行向前下，在下颌角附近至颈阔肌深面。

翼腭神经节：位于翼腭窝上部的上颌神经下方。

下颌下神经节：位于下颌下腺与舌神经之间。

膝状神经节：位于前庭窗前上方的面神经管内，属内脏感觉性神经。

8. 前庭蜗神经：起自内耳螺旋神经节和前庭神经节，与面神经伴行经内耳道入颅。

9. 舌咽神经：经颈内动、静脉之间下行→弓形行向前，经舌骨舌肌内侧到达舌根。

颈动脉窦支：沿颈内动脉下行→颈动脉窦和颈动脉小球。

鼓室神经：经颅底进入鼓室→鼓室黏膜→终支为岩小神经→耳神经节换元→腮腺的分泌。

舌支：舌咽神经的终末支，经舌骨舌肌深面，分布于舌后1/3黏膜。

10. 迷走神经：经颈静脉孔出颅→颈血管鞘内→经锁骨下动脉前方（左迷走神经经主动脉弓左前方）→进入胸腔→肺根后方→形成肺丛和食管丛，向下集合成迷走神经前干（左迷走神经）和迷走神经后干（右迷走神经）→穿膈的食管裂孔→腹腔。

喉上神经：起自下神经节处，经颈内动脉内侧下行，在舌骨大角水平分为内、外支。内支较大，穿甲状舌骨膜入喉；外支细小，支配环甲肌。

喉返神经：左侧绕主动脉弓，右侧绕右锁骨下动脉→入气管食管沟上行→喉。

胃前支：在贲门附近自迷走神经前干发出，沿胃小弯行向右。

胃后支：在贲门附近发自迷走神经后干，沿胃小弯后面走行。

肝支：由迷走神经前干在贲门附近发出，向右行于小网膜内。

腹腔支：迷走神经后干的终支，向右行至腹腔干附近，与交感神经共同形成腹腔丛。

11. 副神经：经颈静脉孔出颅→分布于胸锁乳突肌→在该肌后缘中下1/3交界点附近浅出→斜方肌。

12. 舌下神经：经舌下神经管出颅→颈内动、静脉间→在舌骨上方呈弓状弯曲向前→舌骨舌肌表面→舌。

四、观察技巧及注意事项

（一）观察技巧

1. 臀上、臀下神经出盆腔后即进入肌层，大多数标本上只能观察到很短的一段，需要结合3Dbody进行动态观察。

2. 在标本上仔细观察坐骨神经分为腓总神经与胫神经的高度；腓总神经的走行特点等。

3. 请按照“一嗅二视三动眼，四滑五叉六外展，七听八面九舌咽，十迷十一副舌下全”的口诀顺序，逐一观察脑神经。

4. 舌咽神经颅外段及分支很短，观察时应注意；前庭蜗神经仅在颅底出入内耳门处可见到。

5. 迷走神经在颈部与胸部的分支，其走行应予以仔细观察。

（二）注意事项

1. 教师应先做示教，后加强巡视，随时指导学生认识解剖结构。

2. 注意观察膈神经、桡神经、尺神经、腋神经、正中神经的走行特点。

3. 仔细观察坐骨神经出盆的部位、在臀部及股部的体表投影，以及其分支特点。

4. 仔细观察脑神经出入颅的裂孔，需要明确相应裂孔的结构名称。

五、思考题

1. 简述膈神经的走行及分布。

2. 肱骨中段骨折容易损伤什么神经？损伤后有何临床表现？

3. 简述腰丛的组成、位置及主要分支。

4. 简述舌的神经分布。

5. 简述面部皮肤和肌肉的神经支配。

6. 简述面神经的走行路径、主要支配范围，以及面神经管内损伤后可能出现的主要临床表现。

7. 简述膈神经、桡神经、尺神经、腋神经、正中神经的走行特点。

实训16 神经系统（内脏神经）

【实训要点】

1. 识记内脏神经系统的区分及分布，交感和副交感神经低级中枢的位置。

2. 熟悉内脏运动神经与躯体运动神经的差别，灰、白交通支，交感干的位置和组成。

3. 理解腹腔神经节，肠系膜上、下神经节的位置，交感神经节前纤维和节后纤维的去向，内脏感觉的特点等。

一、实训目的

1. 比较内脏神经的概念和区分。

2. 简述内脏运动神经的主要特点，以及节前、节后神经元和节前、节后纤维的概念。

3. 交感神经低级中枢位置、椎旁节及交感干的组成和位置，内脏大、小神经的来源及分布概况。

4. 简述副交感神经的低级中枢部位。

5. 比较内脏运动神经与躯体运动神经的区别，交感神经和副交感神经的区别。

6. 简述内脏感觉神经的特点，牵涉痛的概念。

二、用物准备

3Dbody 解剖系统。

三、辨认结构

交感干（图 16-1）：位于脊柱两侧，自颅底→尾骨，由交感干神经节（椎旁神经节）及节间支相连而成。

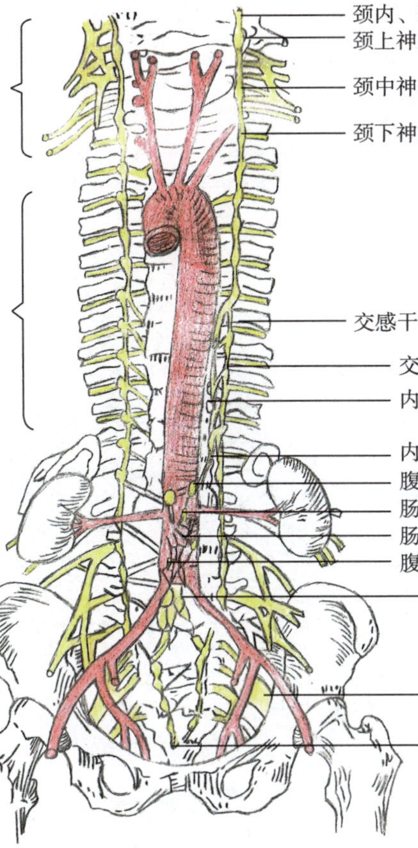

图16-1　交感干和交感神经节

颈上神经节：呈梭形，位于第2、3颈椎横突的前方，它是三个节中最大的一个。

颈中神经节：最小，多位于第6颈椎横突前面，甲状腺下动脉的附近，此节有时缺如。

颈下神经节：形状不规则，位于第7颈椎横突前方，椎动脉起始部后方，颈下节常与第一胸节合并为星状神经节。

内脏大神经：由穿经第6～9胸交感干神经节的节前纤维组成，沿椎体前方斜向下行，穿过膈脚，主要止于腹腔神经节。

内脏小神经：由穿经第10～12胸交感干神经节的节前纤维组成，下行穿过膈脚，主要止于主动脉肾神经节。

腹腔神经节：交感神经节，位于腹腔干的根部。

肠系膜上神经节：交感神经节，位于肠系膜上动脉的根部。

肠系膜下神经节：交感神经节，位于肠系膜下动脉的根部。

主动脉肾神经节：交感神经节，位于肾动脉的根部。

腰内脏神经：由穿经腰神经节的节前纤维组成，止于腹主动脉丛和肠系膜下丛内的椎前神经节。

盆内脏神经（图16-2）：脊髓骶部第2～4节段的骶副交感核发出节前纤维，随骶神经出骶前孔后自骶神经中分出形成的神经，加入盆丛并随盆丛分布于盆部脏器附近或器官壁内的副交感神经节内交换神经元。

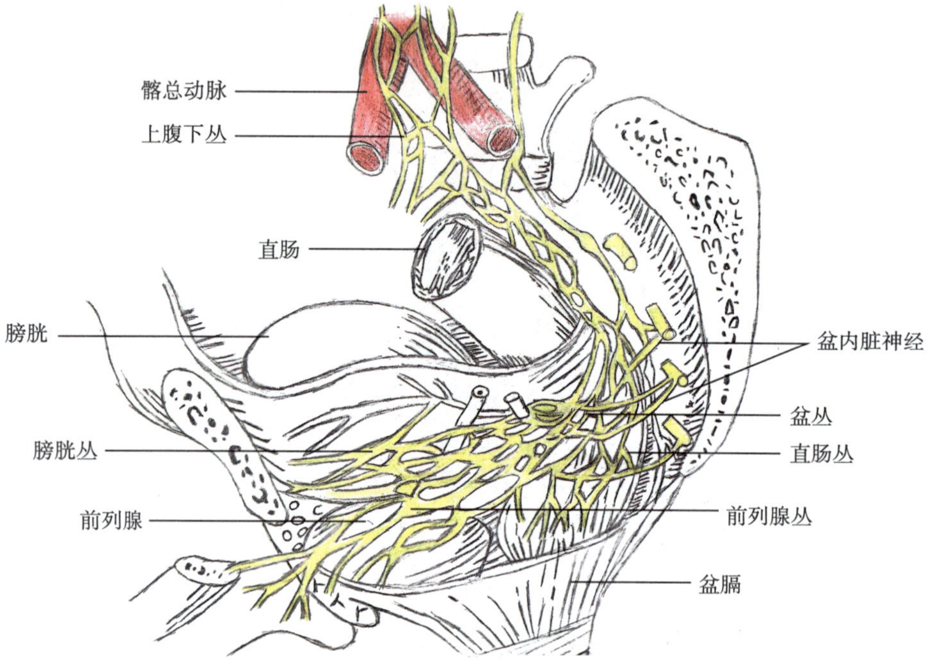

图16-2 盆部神经

睫状神经节：为副交感神经节，位于视神经与外直肌之间。

下颌下神经节：为副交感神经节，位于下颌下腺与舌神经之间。

翼腭神经节：副交感神经节，位于翼腭窝上部的上颌神经下方。

耳神经节：副交感神经节，位于卵圆孔下方，贴附于下颌神经的内侧。

心丛：可分为心浅丛和心深丛，心浅丛位于主动脉弓的下方；心深丛位于气管杈前面。

腹腔丛：最大的内脏神经丛，在腹后壁标本上观察，可见此丛位于腹主动脉上段的前方，围绕在腹腔干和肠系膜上动脉根部周围，纤维互相连结成致密网，丛内有一对形状不规则的腹腔神经节，接受内脏大神经的纤维。

四、观察技巧及注意事项

（一）观察技巧

1. 建立内脏神经的整体观念。

2. 由于肉眼观察的局限性，无法完全展现神经纤维的细节，需要结合挂图、3Dbody解剖系统进行辅助学习和理解。

（二）注意事项

1. 教师应先做示教，后加强巡视，随时指导学生认识解剖结构。

2. 观察“交感干纤维联系”模型，注意交感低级中枢与交感干的联系（尤其是节前纤维的去向）、椎前节的位置，以及节后纤维的去向与分布范围。

五、思考题

1. 试述内脏运动神经和躯体运动神经的主要区别。

2. 试着比较交感神经和副交感神经。